O coordenador
pedagógico
e seus percursos
formativos

Leitura indicada

1. O coordenador pedagógico e a educação continuada
2. O coordenador pedagógico e a formação docente
3. O coordenador pedagógico e o espaço da mudança
4. O coordenador pedagógico e o cotidiano da escola
5. O coordenador pedagógico e questões da contemporaneidade
6. O coordenador pedagógico e os desafios da educação
7. O coordenador pedagógico e o atendimento à diversidade
8. O coordenador pedagógico: provocações e possibilidades de atuação
9. O coordenador pedagógico e a formação centrada na escola
10. O coordenador pedagógico no espaço escolar: articulador, formador e transformador
11. O coordenador pedagógico e o trabalho colaborativo na escola
12. O coordenador pedagógico e a legitimidade de sua atuação
13. O coordenador pedagógico e seus percursos formativos
14. O coordenador pedagógico e questões emergentes na escola
15. O coordenador pedagógico e as relações solidárias na escola
16. O coordenador pedagógico e os desafios pós-pandemia
17. O coordenador pedagógico e seu desenvolvimento profissional na educação básica

O coordenador pedagógico e seus percursos formativos

**Laurinda Ramalho de Almeida
Vera Maria Nigro de Souza Placco**
ORGANIZADORAS

Beatris Possato
Ecleide Cunico Furlanetto
Elisa Moreira Bonafé
Grace Caroline Chaves Buldrin Chautz
Guilherme do Val Toledo Prado
Heloísa Helena Dias Martins Proença
Jeanny Meiry Sombra Silva
Laurinda Ramalho de Almeida
Laurizete Ferragut Passos
Moacyr da Silva
Monie Fernandes Pacitti
Renata Barroso de Siqueira Frauendorf
Rodnei Pereira
Vera Lucia Trevisan de Souza
Vera Maria Nigro de Souza Placco

Edições Loyola

Dados Internacionais de Catalogação na Publicação (CIP)
(Câmara Brasileira do Livro, SP, Brasil)

O Coordenador pedagógico e seus percursos formativos / Laurinda Ramalho de Almeida, Vera Maria Nigro de Souza Placco, organizadoras. -- São Paulo : Edições Loyola, 2018. -- (Coleção o coordenador pedagógico ; v. 13)

Vários autores.
ISBN 978-85-15-04537-2

1. Aprendizagem 2. Coordenadores pedagógicos 3. Educação - Finalidades e objetivos 4. Pedagogia 5. Prática pedagógica 6. Professores - Formação I. Almeida, Laurinda Ramalho de. II. Placco, Vera Maria Nigro de Souza. III. Série.

18-19419   CDD-370.71

Índices para catálogo sistemático:
1. Coordenação pedagógica : Educação   370.71
2. Coordenadores pedagógicos : Educação   370.71

Conselho editorial:
Emilia Freitas de Lima
Idméa Semeghini Próspero Machado de Siqueira
Laurinda Ramalho de Almeida
Magali Aparecida Silvestre
Melania Moroz
Vera Maria Nigro de Souza Placco

Preparação: Fernanda Guerriero Antunes
Capa: Maria Clara R. Oliveira
Ronaldo Hideo Inoue
Diagramação: Adriana Vegas
Revisão: Ana Paula de Deus Uchoa

Edições Loyola Jesuítas
Rua 1822 nº 341 – Ipiranga
04216-000 São Paulo, SP
T 55 11 3385 8500/8501, 2063 4275
editorial@loyola.com.br
vendas@loyola.com.br
www.loyola.com.br

Todos os direitos reservados. Nenhuma parte desta obra pode ser reproduzida ou transmitida por qualquer forma e/ou quaisquer meios (eletrônico ou mecânico, incluindo fotocópia e gravação) ou arquivada em qualquer sistema ou banco de dados sem permissão escrita da Editora.

ISBN 978-85-15-04537-2

© EDIÇÕES LOYOLA, São Paulo, Brasil, 2018

Sumário

Apresentação 7

O que é formação? Convite ao debate e à proposição
de uma definição 9
Vera Maria Nigro de Souza Placco
Vera Lucia Trevisan de Souza

Qual é o pedagógico do Coordenador Pedagógico? 17
Laurinda Ramalho de Almeida

O Coordenador Pedagógico que dá conta do pedagógico,
na perspectiva de professores 35
Elisa Moreira Bonafé
Laurinda Ramalho de Almeida
Jeanny Meiry Sombra Silva

A especificidade da atuação do Coordenador Pedagógico
e a formação: narrativas de experiências 53
Ecleide Cunico Furlanetto
Beatris Possato

Diálogo entre Coordenadores Pedagógicos: contribuições
do Ginásio Vocacional para a escola de hoje 69
Moacyr da Silva

Mapear os conhecimentos prévios e as necessidades formativas
dos professores: uma especificidade do trabalho
das Coordenadoras Pedagógicas 81
Rodnei Pereira
Vera Maria Nigro de Souza Placco

As Coordenadoras Pedagógicas e a formação continuada:
percursos singulares a favor da aprendizagem de todos 103
Guilherme do Val Toledo Prado
Grace Caroline Chaves Buldrin Chautz
Heloísa Helena Dias Martins Proença
Renata Barroso de Siqueira Frauendorf

Percursos formativos e desenvolvimento profissional
de Coordenadores Pedagógicos no contexto do Mestrado
Profissional em Educação 131
   Monie Fernandes Pacitti
   Laurizete Ferragut Passos

Apresentação

Em 1998, quando a literatura sobre Coordenação Pedagógica era escassa, assim como as pesquisas relativas a essa área, um pequeno grupo de pesquisadoras, mestrandas e doutorandas do Programa de Estudos Pós-Graduados em Educação: Psicologia da Educação, da PUC-SP, identificou essa carência e a necessidade de publicações que atendessem à crescente presença desses profissionais nas escolas brasileiras.

Hoje, passados vinte anos, doze volumes da coleção e muitas edições de cada um deles, vimo-nos instadas a, dando continuidade à série, enfatizarmos, neste 13º volume, um aspecto que nos parece fundamental e pouco concretizado: a formação do Coordenador Pedagógico (CP), que, como pessoa e profissional, tem, em sua função, especificidades não muito consideradas com a força necessária pelos vários sistemas de ensino. Não nos esqueçamos de que temos destacado o CP como articulador das ações pedagógicas da escola, formador de professores e mediador de importantes transformações, que, a partir da escola, reverberam nos sistemas e retornam à escola, em benefício da aprendizagem dos alunos.

Assim, a boa formação do CP o fortalece como pessoa, o que lhe possibilita uma atuação significativa junto à gestão da escola e aos seus professores.

Este exemplar da coletânea do Coordenador Pedagógico é composto por relatos de pesquisa, desenvolvidas em Programas de Mestrados Acadêmicos e Profissionais e Doutorados, bem como por reflexões sobre experiências profissionais e formativas, realizadas em escolas ou redes de ensino, reforçando aspectos dessa formação e revelando diferentes faces da realidade educacional.

Neste volume, buscamos apontar propostas inovadoras para o enfrentamento dos desafios da formação do CP, que o forjem como um profissional comprometido com a própria formação, com a formação de seus professores e a aprendizagem dos alunos.

São Paulo, maio de 2018.

Laurinda Ramalho de Almeida
Vera Maria Nigro de Souza Placco

O que é formação?
Convite ao debate e à proposição de uma definição

Vera Maria Nigro de Souza Placco[1]
veraplacco7@gmail.com
Vera Lucia Trevisan de Souza[2]
vera_trevisan@uol.com.br

    Este texto, que nomeamos com uma pergunta, intenta abrir um debate sobre o conceito de formação enquanto ação do formador e a partir da perspectiva do formador, ou seja, daquele que a exerce como atividade permanente e cotidiana. Tal desejo nasce de nossas constatações recentes, por ocasião de discussões com grupos de formadores, que colocam como principal incômodo ou desafio compreender o porquê de as formações que são oferecidas – a despeito de agradarem formandos e formadores, de envolver a todos nas atividades propostas e de atender, na maioria das vezes, a temas/demandas postos pelos formandos – não se efetivarem como promotoras de mudanças nas práticas em sala de aula, no interior das escolas, nos vários níveis ou modalidades disponibilizados no âmbito da educação pública. Por que, mesmo havendo tantas e diversas

---
    1. Doutora em Educação: Psicologia da Educação. Professora Titular na PUC-SP. Professora e pesquisadora dos Programas de Estudos Pós-Graduados em Educação: Psicologia da Educação e Educação: Formação de Formadores. Bolsista Produtividade do CNPq.
    2. Doutora e Mestre em Educação: Psicologia da Educação pela PUC-SP. Professora e pesquisadora do Programa de Pós-Graduação em Psicologia da PUC de Campinas.

formações, já há tanto tempo, os resultados da aprendizagem dos alunos, sujeitos-fim da ação de formação, permanecem em níveis aquém do esperado? O que estaria emperrando mudanças efetivas nas práticas de ensino-aprendizagem?

Tais questões nos remeteram à formação enquanto ação profissional, entendendo que as responder nos aproximaria de uma compreensão mais aprofundada deste fenômeno de que tanto se fala, em nome do que tanto se age, e que carrega pouca clareza ainda a respeito do que é formação do ponto de vista do formador, profissional que a executa. Propusemo-nos, então, uma primeira tarefa: enfrentar a questão: o que é formação?

E as respostas, fossem de formadores, de pesquisas sobre formação, de estudiosos da área, de cientistas e pesquisadores, remetiam, via de regra, "ao processo de desenvolvimento e/ou à mudança da pessoa que recebe a formação". Esforços por conceituar o que seria a formação a colocam como "espaço para a aprendizagem", "processo de desenvolver-se, apropriar-se de conhecimentos".

Somos formadoras e acreditamos, como já temos dito em outros textos, que entendemos a formação em contexto como a maior e mais necessária função dos(as) Coordenadores(as) Pedagógicos(as).

No entanto, diante dessas constatações, continuamos a indagar: o que é formação? A que serve, para a maioria dos autores, a formação? Para cuidar do que acontece com o formando? Para cuidar da dimensão pessoal e individual desse formando? Para desencadear uma ação formadora?

Senão, vejamos.

García (1999, 19) recorre a diversos autores, explicitando suas concepções de formação. Assim, cita Zabalza (1990, 201): "O processo de desenvolvimento que o sujeito humano percorre até atingir um estado de 'plenitude' pessoal". Recorre ainda a González Soto (1989, 83): "A formação diz respeito ao processo que o indivíduo percorre na procura da sua identidade plena de acordo com alguns princípios ou realidade sociocultural".

Ambos chamam a atenção para a formação como **processo**, em que o sujeito (formando) atinge (pode atingir?) um estado de plenitude pessoal (se é estado, o processo termina?) ou busca sua identidade plena (de novo, é um estado final?).

Debesse (1982, 29-30), ainda segundo García (1999, 19-20), faz a seguinte distinção:

> A autoformação é uma formação em que o indivíduo participa de maneira independente e tendo sob o seu controle os objetivos, processos, instrumentos e resultados da própria formação. A heteroformação é uma formação que se organiza e desenvolve "a partir de fora", por especialistas, sem que seja comprometida a personalidade do sujeito que participa.

A interformação é aquela que se realiza entre professores ou **entre pares,** em contextos de trabalho.

Este autor traz uma ideia que nos é muito cara – de que o formando é, em grande medida, responsável pela sua formação –, mas também enfatiza a importância do formador, mediador desses processos de formação, sem o comprometimento da personalidade do formando.

Como se vê, esses autores associam predominantemente o conceito de *formação* ao de desenvolvimento pessoal do formando, isto é, o conceito de formação inclui uma **dimensão pessoal de desenvolvimento humano**, e se caracteriza como um processo. Para nós, processo é a forma, o modo como a formação afeta o sujeito que a recebe – é sempre processual, mas não pode, como processo, ser definidor do que é formação.

Pereira (2017, 86), em sua tese de doutorado, recorrendo a Ferry (2008), enfrenta a polissemia do termo. Para Ferry (2008) (apud PEREIRA, 2017, 87), formação é uma "dinâmica de desenvolvimento pessoal que consiste em encontrar formas para cumprir com certas tarefas para exercer um ofício, uma profissão, um trabalho, por exemplo" (PEREIRA, 2017, 54). Assim, o autor centra-se no desenvolvimento pessoal – polo específico do formando. No entanto, Pereira (2017, 88, grifo nosso) parece caminhar em direção ao que propomos, ao dizer que a formação se tornaria, então, "um **espaço potencial** para o exercício de **jogos de simulação**, que podem servir para a construção de novas projeções e planos de ações e de práticas". Esses jogos de simulação podem indicar ações propostas pelo formador, com determinados objetivos, para que a prática possa ser refletida e a fim de que provoquem novos planos e práticas. Em sua tese de doutorado, Pereira (2017) apresenta e executa um plano de formação com CP iniciantes de um sistema municipal de educação, plano esse que apresenta e analisa o jogo de simulação por meio de casos de formação que possibilitam discutir a ação formadora das CPs[3], isto é, refletir sobre o que fazem e como fazem seu trabalho formativo, a partir de uma estratégia formativa concreta. Essa estratégia não é claramente analisada como uma concepção de formação **da perspectiva do formador**, uma vez que o autor enfatiza a transitividade da formação, em que cada um dos polos – formador e formando – concretiza **sua própria** formação (com o que concordamos), embora também afirme ser o formador um articulador de processos de seleção de práticas de ensino e mediador de reflexões sobre a relação dessas práticas ao que diz respeito à realidade das escolas, o que nos aproxima de seus posicionamentos, pois é sobre esta ênfase que, hoje, versam nosso questionamento e convite ao debate.

García (1999, 26), a partir dos posicionamentos dos autores que cita, apresenta seu conceito de Formação de Professores:

> [...] é a área de conhecimentos, investigação e de propostas teóricas e práticas que, no âmbito da Didática e da Organização Escolar, estuda os processos através dos quais os professores – em formação ou em exercício – se implicam individualmente ou em equipa, em **experiências de aprendizagem**, através das quais adquirem ou melhoram os seus conhecimentos, competências e disposições, e que lhes permite intervir profissionalmente no desenvolvimento do

---

3. Assim como no capítulo "Mapear os conhecimentos prévios e as necessidades formativas dos professores: uma especificidade do trabalho das Coordenadoras Pedagógicas", quase todos os autores desta obra optaram por se referir **às coordenadoras** (cargo ocupado por mulheres, em sua maioria, por causa da feminização do magistério).

seu ensino, do currículo e da escola, com o objetivo de melhorar a qualidade da educação que os alunos recebem.

Novamente, a ênfase do autor é no desenvolvimento pessoal e profissional do professor, ainda que chame a atenção para a importância e necessidade do trabalho colaborativo, na formação. Joyce e Showers (1998) (apud GARCÍA, 1999, 27) complementam a definição elaborada por García, ao afirmarem que a formação de professores não é um processo que acaba nos professores: "Ainda que seja óbvio afirmá-lo, a qualidade de ensino que os alunos recebem é o critério último [...] para avaliar a qualidade da formação na qual os professores se implicaram".

Vimos que os autores que estudam a temática da formação têm se aprofundado nela, mas da perspectiva do formando, de seu desenvolvimento e mudança, e enfatizando que tal mudança ou desenvolvimento é um processo que envolve aprendizagem e apropriação de saberes. Não negamos nem rejeitamos essa centralização da formação, na perspectiva do desenvolvimento e do processo individual do professor. O que enfatizamos é a necessidade e a possibilidade de um outro olhar, de olhar a formação sob outro ponto de vista, de um lugar que se acha nas sombras, que não está sendo olhado. Assim, se ficarmos – como formadores que somos – a olhar predominantemente a ação do sujeito que aprende, podemos perder a perspectiva da relação, do coletivo, do que entendemos como "aprendizagem do adulto professor" – aprendizagem no coletivo, com o outro. E nos perguntamos: e o outro, o formador? Como sua ação favorece esse desenvolvimento?

Temos afirmado, e de modo enfático, que o CP é um formador, por vezes colocando a formação como sua função principal. No entanto, tratamos o conceito de formação a partir do polo do formando, pois, ao falar de formação, imediatamente nos remetemos àquele que a recebe. O que significa isso? Significa que não temos refletido sobre a perspectiva do formador; não temos nos acercado da ação de formar, de seu cerne, seu centro, suas características, de uma definição que permita melhor formulá-la. E essa ação é fundamental para que se reflita sobre seu significado, para o próprio formador e para o formando-professor.

É neste sentido que tomamos este texto como um convite ao debate: quer-se chamar os formadores para problematizar e definir um conceito de formação, que possa ser socializado e significado pelos formadores, ao tomarem para si a tarefa de postular seu objeto e sua ação, respondendo à pergunta *o que é formação?* a partir do que fazem, tendo clareza de sua intencionalidade ao formar.

Nesta coleção do Coordenador Pedagógico, queremos valorizar nossa premissa de que o CP é um formador, falando sobre formação de sua perspectiva, ou seja, do lugar de onde ela parte e se efetiva. No entanto, reconhecemos que a formação que permitiria ao CP exercer essa ação formadora não tem sido atendida satisfatoriamente, seja em nossos cursos superiores, seja nas formações continuadas oferecidas nos diferentes sistemas de ensino. E, no que concerne às pesquisas e à literatura especializada, falar só ou prioritariamente do que é a formação com foco no processo do formando não ajuda o CP a se tornar um formador. Nosso incômodo hoje é considerar que não temos oferecido subsídios para a ação primordial do CP, que é ser formador, o que poderia começar com uma maior clareza sobre o que é formação, da sua perspectiva.

Com base no polo do formador, é possível se pensar em ações efetivas, ações consistentes e fundamentadas que permitam que se efetivem planos de formação.

Propomo-nos, neste texto, ainda à guisa de convite, lançar mão do conceito de formação que desenvolvemos a partir de um trabalho com formadores e que tinha o objetivo de refletir sobre formação da perspectiva do formador.

Entendemos como formação um conjunto de ações integradas, intencionalmente planejadas e desencadeadas pelo formador, voltadas ao(s) grupo(s) pelo(s) qual(is) é responsável, para promover mudanças na ação dos formandos.

Essas ações integradas implicam o agir, o intervir e o mediar como ações do formador. As ações desse formador envolvem a proposição de objetivos comuns, por ele mesmo, pelos formandos e pelos sistemas de ensino. São ações que integram indissociavelmente teoria e prática, ampliando-as e aprimorando-as.

Oferecer subsídios ao formador, com uma definição clara do que é formação, pode auxiliá-lo na elaboração de seu plano de formação. Um plano de ações que envolve o **seu fazer**, tanto quanto o fazer do formando ou do grupo de formandos, pois pensa a interação entre ambos, na construção de novas práticas educativas. Pensar apenas no que o outro vai fazer, sem se colocar no processo, desvia o foco das relações e do coletivo. Isso tem se repetido, mesmo nas pesquisas, que muitas vezes elegem como objeto de investigação temas como desenvolvimento de competências, profissionalização, desenvolvimento profissional etc. – que são importantes, mas que não enfocam ou não dão conta da **Ação Formadora**, ou seja, do objeto ao qual se volta o formador.

Não é muito lembrar que, quando o alvo é o outro, lidamos com o imponderável, pois não temos clareza do que o formando realmente aprendeu/está aprendendo ou a que atribuiu/está atribuindo sentidos. Assim, ao desviar o foco da ação formadora para a ação do formando, para a aprendizagem dele, o formador perde o próprio objeto/foco – *o que faço, quem sou eu?* Ação do formador e ação do formando formam, como teoria/prática, um todo indissociável, uma unidade de contrários que se complementa, na medida em que um dá condição à ação do outro.

Não há a pretensão, neste momento, de adotar a definição anterior, mas, sim, de abrir o debate: a definição proposta como provisória serve para começar a discussão, neste espaço de troca com os CPs, a quem temos atribuído a função primordial de formar professores.

Entendendo a formação como tendo um caráter vivo, abre-se um espaço de reflexão, quando se pretende dialogar com o formador. Entendemos que o Coordenador Pedagógico precisa assumir a perspectiva da reflexão, do questionamento da realidade que vive. Não é só experiência prévia nem prescrição, mas problematização, e este é o prisma das ideias aqui expostas: fazer pensar, refletir, questionar, discordar, propor, enfim.

Referências

DEBESSE, M. Um problema clave de la educación escolar contemporânea. In: DEBESSE, M. e MIALARET, G. (Eds.), *La formación de los enseñantes*. Barcelona: Oikos-Tau, 1982, 13-34.

GARCÍA, C. M. *Formação de professores:* para uma mudança educativa. Portugal: Porto, 1999.

GONZÁLEZ SOTO, A.-P. *Proyecto docente. Didáctica y Organización escolar.* Barcelona: Departamento de Pedagogía. Universidad de Barcelona, 1989.

PEREIRA, R. *O desenvolvimento profissional de um grupo de Coordenadoras Pedagógicas iniciantes: movimentos e indícios de aprendizagem coletiva, a partir de uma pesquisa-formação.* Tese de Doutorado (Educação: Psicologia da Educação). São Paulo: Pontifícia Universidade Católica de São Paulo, Programa de Estudos Pós-Graduados em Educação: Psicologia da Educação, 2017.

ZABALZA BERAZZA, M. *Los Diarios de los profesores como los documentos para estudiar cualitativamente los dilemas prácticos de los profesores.* Santiago: Proyecto de Investigación de Acceso a Cátedra, 1987.

Qual é o pedagógico do Coordenador Pedagógico?

Laurinda Ramalho de Almeida[1]
laurinda@pucsp.br

Introdução

> *Contar é muito, muito dificultoso. Não pelos anos que se já passaram. Mas pela astúcia que têm certas coisas passadas – de fazer balancê, de se remexerem dos lugares. O que eu falei foi exato? Foi. Mas teria sido?*
>
> (Guimarães Rosa, Grande Sertão: Veredas, 1984, 172)

Começo este capítulo com essa ressalva, porque o texto que segue tem, em boa parte, um cunho histórico, tanto sobre a Coletânea Coordenador Pedagógico como sobre minha trajetória na rede pública de ensino do estado de São Paulo. A primeira coletânea data de 1998 e esta, a 13ª, de 2018.

Ao longo desses vinte anos foram tratadas diferentes questões, sempre voltadas para a coordenação pedagógica, nos diversos segmentos de ensino. Diferentes autores, de várias instituições, participaram das treze coletâneas, e a premissa defendida por todos é a de que não há justiça social sem conhecimento, não há cidadania responsável se os alunos não aprenderem conteúdos, atitudes e

---

[1]. Professora e vice-coordenadora do Programa de Estudos Pós-Graduados em Educação: Psicologia da Educação, e professora do Mestrado Profissional em Educação: Formação de Formadores, ambos da PUC-SP.

valores; todas as crianças e jovens necessitam de uma base comum de conhecimentos, desde que aliada a medidas que impeçam o insucesso e o fracasso escolar.

Sem a consciência ingênua de que a educação pode tudo, ou de que não há o que fazer, temos defendido que a educação é a chave que pode evitar a desumanização numa sociedade plena de contradições. Sociedade que conta com extraordinários avanços tecnológicos e científicos que permitem tanto o controle e a prevenção de doenças, como a prevenção de desastres climáticos causados pelo homem, que não sabe respeitar a natureza, da qual é parte.

Acreditamos que cabe à escola formar cidadãos que cuidem de si, do outro e do mundo. Para tanto, precisamos de recursos que sejam postos a serviço de processos de ensino mais estimulantes, mais imaginativos, mais significativos. Isso nos remete ao papel do Coordenador Pedagógico (CP) junto com seus professores.

1. O pedagógico da coordenação pedagógica

Na rede estadual de ensino de São Paulo, da qual fiz parte, atuando em diversos cargos e funções por 31 anos, a coordenação pedagógica, embora prevista nos vários Estatutos do Magistério (Leis Complementares de 1974, 1978 e 1985), somente foi expandida para todas as escolas em 1996.

Vale lembrar que, na década de 1960, as denominadas Escolas Experimentais (Colégio de Aplicação da USP, Ginásios Vocacionais e Ginásios Pluricurriculares) contavam com Orientador Educacional e Orientador Pedagógico. Posteriormente, a partir da década de 1970, Secretários de Educação delinearam Projetos Especiais para um conjunto de escolas e estas contavam com Coordenador Pedagógico[2].

---

2. Detalhes dessas modalidades de coordenação podem ser consultados em: ALMEIDA, L. R. de, A Coordenação Pedagógica no Estado de São Paulo nas memórias dos que participaram de sua história, in: ALMEIDA, L. R. de; PLACCO, V. M. N. de S. (Orgs.), *O Coordenador Pedagógico e o atendimento à diversidade*, São Paulo, Loyola, 2012a, 11-45.

Embora a expansão para todas as escolas só tenha ocorrido em 1996, a necessidade da coordenação pedagógica se fizera sentir bem antes dessa data, em todas as escolas da rede pública estadual. Registro um fato de minha trajetória para atestá-la.

No início de 1973, transferi-me, por concurso de remoção (era Orientadora Educacional efetiva), para um colégio estadual da rede de Ensino Secundário e Normal, na capital paulista. Apresentei-me ao diretor como Orientadora Educacional recém-chegada. Seguiu-se um diálogo:

> **Ele:** Você sabe fazer planejamento?
> **Eu:** Sim, trouxe para discutir com o senhor um plano de Orientação Educacional.
> **Ele:** Não é plano de Orientação Educacional que eu quero. Quero que você coordene a Semana de Planejamento que a Secretaria agora inventou.

O diretor se referia ao Decreto nº 1.089/1973, o qual instituía o calendário escolar para 1973 e estabelecia, para planejamento de currículo e de ensino, o período dos seis primeiros dias úteis que antecediam o ano letivo. A Delegacia de Ensino[3] à qual estava jurisdicionado o Colégio convocara os diretores para retirarem os documentos que serviriam de apoio para o trabalho. Estes traziam diretrizes para a elaboração dos planos, explanando sobre a conceituação e a operacionalização de objetivos gerais, objetivos específicos, estratégias de ensino e propostas de avaliação. Era uma sistemática com a qual os professores nunca haviam trabalhado. Contando com a colaboração de alguns professores mais antigos, que conheciam a cultura da escola, planejei as atividades da Semana e dei conta da tarefa.

Esse relato permite algumas inferências:

1ª) A administração percebera que as soluções para os problemas educacionais não estavam somente no âmbito das questões técnico-administrativas ou de infraestrutura (a Lei

---

3. Corresponde atualmente à Diretoria Regional de Ensino.

5.692/1971 fixara as Diretrizes e Bases para o Ensino de 1º e 2º graus e havia muitos acertos a serem feitos). Embora com uma visão positivista da prática pedagógica, nos moldes da racionalidade técnica (em que os técnicos planejam, os professores executam), instituiu uma Semana para os professores planejarem, em conjunto, seus planos de ensino. Foi um primeiro passo para cada escola elaborar seu Plano Global da Escola (ficou conhecido como PGE).

2ª) Os diretores perceberam a dificuldade de darem conta, sozinhos, do pedagógico. Perceberam que fazer a gestão do pedagógico exigia um conhecimento específico, que não dominavam. E os professores, ao se virem perante uma tarefa para a qual não estavam preparados, também notaram a necessidade de um profissional que colaborasse com eles. Na verdade, diretor, vice e professores estavam perplexos diante dessa nova incumbência. E eu também!

É difícil não comparar a situação relatada, acontecida em 1973, com os dias de hoje – cabe, *grosso modo*, aos gestores, apenas reproduzirem documentos para serem "discutidos" nas escolas, e ficarem distantes do pedagógico.

Foi na labuta daquela Semana de Planejamento, e aqui englobo a preparação, a decisão pela divisão dos grupos e o encaminhamento das reuniões, que tive o *insight* do que é o *pedagógico em ação*: o que aprendera no curso de Pedagogia – Pedagogia como ciência da Educação, como estudo do fenômeno educativo, investigado em suas múltiplas facetas, tudo isso fora conhecimento necessário. A nova situação me mostrava, na perspectiva do espaço escolar, que o pedagógico se dá na relação entre os profissionais, entre os profissionais e os alunos, na relação destes com os saberes, na relação com a produção do conhecimento – e na articulação disso tudo.

Timidamente, percebi, pela minha imaturidade naquela tarefa e pela entrada abrupta numa atividade que não esperava ser minha, que lidar com o pedagógico em suas múltiplas facetas e determinações era lidar com os temas educativos da escola, *daquela escola*, lugar onde aconteciam os fatos e feitos pedagógicos – o que significava, principalmente, lidar com pessoas. Naquela semana comprida e cumprida, tive a consciência de que as relações interpessoais impregnam o fato educativo. Essa era uma compreensão que já me acompanhava, mas ficou muito evidenciada naquela situação: o pedagógico tem sua concretude na relação entre pessoas, e esta não é programada antes; ao contrário, acontece no processo. É dada no contexto de cada escola, em cada situação.

Foi um *insight* que me tranquilizou, mas também assustou. Entendi, na prática, que a ação da coordenação pedagógica é bem diferente da ação da docência. Eu estava ali, trabalhando com os professores, mas com uma incumbência específica: minha prática pedagógica objetivava definir/juntar (eu diria hoje articular) as ações educativas de cada professor para a escola cumprir sua intencionalidade. Inter-relacionadas, coordenação pedagógica e docência eram conceitualmente distintas, o que não significava desmerecer a docência, até porque entendia que atuar como docente era um passo importante para a aprendizagem do Coordenador. O pedagógico da coordenação pedagógica abrangia outras instâncias além da sala de aula: a função específica do professor era o ensino, embora ele também devesse fazer a gestão do pedagógico em sua sala de aula; a especificidade do Coordenador Pedagógico era contribuir para que o ensino se realizasse com qualidade, a partir de um objetivo claramente definido para toda a escola. Eu, no papel de Coordenadora Pedagógica, estava a serviço do coletivo; devia mostrar aos professores que não estavam sozinhos para realizarem a tarefa que lhes era atribuída.

Os professores esperavam algo de mim: em primeiro lugar, desvelar aquela situação inusitada – por que uma Semana de Planejamento, se cada um já sabia quais conteúdos abordar e como avaliar seus alunos? Meu primeiro movimento, então, foi constituir um pequeno grupo, que percebi intrigado por aquela situação e, depois, inteirar-me de como a escola trabalhava, e por que trabalhava assim. Descobri, com esse pequeno grupo, que os professores tinham, sim, uma intencionalidade, embora não claramente definida: ensinar bem os conteúdos. Tinham uma pedagogia da exigência: fazer uma escola forte. No entanto, cada um fazia isso a seu modo, sem a devida articulação. Descobri, também, que a reprovação era alta em algumas disciplinas porque se considerava que o "problema" era sempre o aluno, nunca o professor e suas práticas.

Com aquele pequeno coletivo, meu grupo de apoio, no qual incluo o diretor – que, embora não participando, concedeu-me "carta branca" e valorizou-me como profissional (e era muito bem-aceito pelos professores) –, planejei a primeira reunião: discutir a determinação da Delegacia de Ensino para a entrega de um plano de currículo da escola e dos planos de ensino de cada disciplina, tentando evidenciar o porquê da exigência: importância de definir qual era a intencionalidade da escola que deveria ser assumida por todos e, principalmente, as estratégias ou conjunto de ações para alcançar essa intencionalidade em cada disciplina. Foi uma tentativa de atribuir um sentido ao determinado, mas com a dificuldade de não ter contado com o coletivo de professores, na discussão das propostas iniciais.

Esclareço que minha atuação anterior como orientadora educacional, em uma escola com condições especiais de trabalho[4], forneceu-me suporte para planejar essa Semana; e mostrou-me que os pressupostos da racionalidade técnica impressos para aquela Semana de Planejamento não facilitavam a adesão dos professores.

Deu-me clareza, também, que a gestão do pedagógico, em se tratando do Coordenador Pedagógico, implicava compreender que os professores chegam com diferentes aportes teóricos, teorias implícitas, com seus afetos, suas memórias, com sua ligação à escola, enfim, com todo o vivido. E isso precisava ser respeitado. No entanto, não me impediu de colocar em discussão que, embora conhecessem bem sua área específica, era necessário refletir sobre como transformar o conhecimento que dominavam em ensino, isto é, propondo estratégias que impedissem a reprovação excessiva em

---

4. Tratava-se da Escola de Demonstração do Centro Regional de Pesquisas Educacionais Prof. Queiroz Filho, cujas classes ginasiais foram ligadas ao Colégio de Aplicação da USP, a qual contava com Coordenador Pedagógico, coordenadores de área e Orientador Educacional.

algumas disciplinas. E que o próprio conteúdo deveria ser repensado, em função dos pré-requisitos dos alunos.

    Um salto de vinte anos. Em 1993, comecei a trabalhar no Programa de Estudos Pós-Graduados em Psicologia da Educação (PED), na PUC-SP. Um novo recomeço na carreira. Senti-me uma professora iniciante e, de novo, encontrei nas relações interpessoais, agora entre professores da pós-graduação, o suporte para esse novo início. Comecei uma nova função, totalmente desconhecida: orientação de alunos. Por volta de 1996, começamos a receber no PED alunos querendo estudar a coordenação pedagógica. A Secretaria Municipal de Educação contava com Coordenador Pedagógico como cargo, e o Estado, como já afirmado, instituíra em 1996 a coordenação pedagógica para todas as escolas da rede; pela Resolução 28/1996, definira Professor Coordenador Pedagógico como posto de trabalho, como função, portanto. Muitos alunos queriam estudar esse novo ator social. Constatamos, eu e Vera Placco, que uma nova demanda estava aparecendo como objeto de estudo – a coordenação pedagógica. É justo citar aqui dois nomes: Eliane Bambini Gorgueira Bruno e Luiza Helena Christov – a primeira, minha orientanda de Mestrado; a segunda, orientanda de Doutorado de Vera Placco. Ambas insistiam que não havia literatura para os Coordenadores Pedagógicos que atuavam nas redes de ensino, bem como para subsidiar a atuação de professores que trabalhavam com as licenciaturas. Resolvemos enfrentar o desafio – e surgiu, em 1998, o primeiro volume do que é agora a Coleção Coordenador Pedagógico. Surgiu como produção coletiva e, dada a receptividade, produzimos o segundo. A partir do terceiro, Vera Placco e eu assumimos a organização das coletâneas, e hoje, no ano de 2018, entregamos ao público o 13º volume. Por uma grata coincidência, Padre Danilo Mondoni, que era Diretor das Edições Loyola em 1998, e acreditou em nossa proposta, está novamente como diretor, em 2018.

    Uma observação é necessária. Se, em 1998, a literatura sobre coordenação pedagógica era praticamente inexistente, nesses vinte anos houve uma expansão significativa – teses, dissertações, artigos em periódicos e capítulos em livros são encontrados, o que revela a vitalidade dessa área, hoje entendida como prerrogativa do trio gestor (na rede estadual, diretor, vice-diretor e coordenador). Nossa Coleção, contudo, continua a ser dirigida, principalmente, ao Coordenador Pedagógico.

Em 2009, quando nosso sexto volume da Coleção viera a público, a *Revista Educação* solicitou um texto sobre o papel do Coordenador Pedagógico. Vera Placco e eu tentamos clarear o que, a partir de nossa experiência e da literatura disponível, entendíamos que deveria ser o trabalho do CP.

Partimos do pressuposto de que "cada escola tem características pedagógico-sociais irredutíveis quando se trata de buscar soluções para os problemas que vive" (AZANHA, 1983, 3) e argumentamos sobre a importância de se compreender como se dão as relações que configuram a vida escolar, mostrando os atores dessas relações como sujeitos históricos, que enfrentam circunstâncias produzidas por multideterminações.

Esclarecemos que não aceitávamos o Coordenador Pedagógico como alguém para "tomar conta dos professores", nem como "testa de ferro" das autoridades de diferentes órgãos, mas como um profissional que:

> tem uma **função mediadora** no sentido de revelar/desvelar os significados das propostas curriculares, para que os professores elaborem seus próprios sentidos, deixando de conjugar o verbo cumprir obrigações curriculares e passando a conjugar os verbos aceitar trabalhar, operacionalizar determinadas propostas, porque estas estão de acordo com suas crenças e compromissos sobre a escola e o aluno – e rejeitar as que lhe parecem inadequadas como propostas de trabalho para aqueles alunos, aquela escola, aquele momento histórico.

O que competiria, então, ao Coordenador Pedagógico?

– **como articulador**, seu papel principal é de oferecer condições para que os professores trabalhem coletivamente as propostas curriculares, em função de sua realidade, o que não é fácil, mas possível;

– **como formador**, compete-lhe oferecer condições ao professor para que se aprofunde em sua área específica e trabalhe com ela;

– **como transformador**, cabe-lhe o compromisso com o questionamento – ajudar o professor a ser reflexivo e crítico em sua prática (ALMEIDA; PLACCO, 2009, 38).

Continua sendo esse nosso entendimento sobre o pedagógico do Coordenador Pedagógico.

2. Pela reflexão, a tomada de consciência de si e do contexto

Eu sou eu e minha circunstância.
(Ortega y Gasset, apud Droguett, 2002, 75)

Atribuir ao CP que lhe compete articular, formar e transformar remete à reflexão sobre a complexidade de uma função relativamente nova na escola, e à possibilidade de sua descaracterização, responsabilizando o CP pelo não cumprimento dos objetivos propostos para um ensino de qualidade e aprendizagem dos alunos, por questões disciplinares, por desentendimentos entre professores e professores-alunos. Não seria exagero dizer que, em algumas escolas, o CP é responsabilizado por resolver os conflitos que surgem na escola.

"Eu sou eu-coordenadora" vem com todas as circunstâncias que me são oferecidas: descontinuidade das políticas públicas, precárias condições de formação e de trabalho, desvalorização do magistério, demandas sociais que chegam à escola quando deveriam ser atendidas por outras instituições.

No entanto, "eu sou eu" vem também com as marcas de minhas memórias afetivas de aluna, com as marcas de minha trajetória profissional, das representações sobre o magistério e do ingresso na profissão, com minhas expectativas, realizações, frustrações. Algumas marcas me empurram para atender às demandas que não são minhas e acabo por me perceber e ser percebido pelo outro como um "faz-tudo" e não como um articulador, formador, transformador, especificidades da função do CP.

Porém, se assumo "eu sou eu-profissional", posso pensar minha atuação, não me deixar levar pelo turbilhão dos acontecimentos que ocorrem no cotidiano escolar e, pela reflexão, posso tomar consciência das circunstâncias do contexto, perceber-me como um ser de possibilidades, e não uma folha ao vento. Isso não significa que "eu sendo coordenadora" não reconheça que a escola não tem condições físicas materiais desejáveis, que as condições de trabalho docente não são dignas, que meu trabalho não é bem remunerado, que as desigualdades sociais são repressoras do desenvolvimento dos alunos e que devo lutar contra isso. No entanto, "eu sou eu-coordenadora" reconhecendo a escola como o lugar da aprendizagem, e tendo consciência que cabe a mim fazer intervenções formativas para que o professor trabalhe bem seu conteúdo, que transforme sua área específica de conhecimento em um bom ensino. "Eu sou eu-coordenadora" reconhecendo que não se pode desconsiderar que certas atitudes são fundamentais para favorecer a concretização do pedagógico na escola. Quando o CP alia ao conhecimento de sua área o respeito, a valorização do outro e a empatia para, sem julgamento, ouvir sensivelmente o que lhe é colocado, o professor tende a agir assim com seus alunos. E, talvez, o mais importante: ao sentir-se acolhido, abre caminho para a reflexão crítica e o autoconhecimento.

Também na relação professor-aluno, quando o professor coloca-se no lugar do aluno, permite-lhe a expressão de seus sentimentos, expectativas e receios, comunicando-lhe que está ouvindo mais do que diz, ele promove o fortalecimento das relações e facilita o acesso ao conhecimento.

Registro a memória afetiva de uma situação que vivenciei como aluna do 3º Científico (hoje, 3º ano do Ensino Médio), há mais de meio século, para evidenciar o quanto pode provocar um movimento no qual o professor reúne o conhecimento de sua área, das características dos alunos no segmento que atua, e a intencionalidade de aguçar a reflexão.

O professor de Filosofia chega à sala de aula e registra na lousa: "Eu sou eu e minha circunstância" (ORTEGA Y GASSET).

E sentencia aos onze alunos (éramos 51 no 1º Científico, 37 no 2º e, agora, apenas onze): "Vamos conversar sobre esta afirmação".

Como sabido, Ortega y Gasset foi um filósofo espanhol, um dos mais importantes pensadores europeus modernos. Descobri depois (o interesse despertado levou-me a procurar mais sobre o filósofo) que a frase era fiel a um discurso que dirigiu ao povo espanhol, durante a Guerra Civil Espanhola.

> Ela, a nossa vida, dependerá, pois, não só do que é nossa pessoa individual, como da força que representa nosso mundo. O homem e a circunstância formam e integram a vida, e um não é inferior ao outro. Viver é viver em alguma circunstância [...] Todavia, a vida que nos é dada é um problema que temos que resolver por nós mesmos, e isto não só naquelas circunstâncias especialmente difíceis, que qualificamos familiarmente de conflitos e apuros, mas sempre, e em qualquer circunstância (ORTEGA Y GASSET, 2002, 264-265).

Aquela frase "Eu sou eu e minha circunstância" situou para mim a influência do meio social e cultural no qual estava inserida. Fez-me perceber que "eu sou" não era decorrente só de meu pacote de heranças biológicas, mas também do contexto dos significados culturais de minha trajetória. Durante duas horas, nós onze nos digladiamos. Iam e vinham argumentos e contra-argumentos: se a circunstância é o que está a nossa volta – o social, o geográfico, o histórico, nosso passado, nosso presente –, ela pode nos engolir? Como podemos vencê-la? Quem sou eu diante das circunstâncias? Posso sonhar circunstâncias que atendam a meus desejos?

Mais de meio século se passou; tenho hoje a clareza de que o meio social me constitui, mas que eu também o constituo, que o mundo social e o mundo psicológico caminham juntos, que a pessoa que sou é o resultado da integração do orgânico (características da minha espécie humana e de minhas condições neurológicas) e do social (que é o meio para concretizar ou não minhas possibilidades), mas aquela aula permanece em minha lembrança. Vejo o grupo, o professor e a frase escrita na lousa. Cinco dos onze já se foram, mas estão comigo na memória. Lembro-me de seus argumentos, de sua empolgação ao discutir suas possibilidades futuras. E de como a frase escrita na lousa foi mote para muitas outras discussões. Sou grata ao professor que nos provocou para tantas reflexões e nos situou como seres no mundo e para mudar o mundo, como seres de possibilidades.

Ao lembrar-me agora daquela cena, percebo que faltou à discussão um foco: se somos seres de possibilidades, nem todas as possibilidades podem/devem ser escolhidas. Por outro lado, as decisões podem levar em conta não só a vida concreta, mas a sonhada, a imaginada. Encontro na psicogenética walloniana a justificativa para essa afirmação, quando reflito sobre sua colocação a respeito do meio social, um dos conceitos fundamentais da teoria:

> O meio é um complemento indispensável ao ser vivo. Ele deverá corresponder a suas necessidades e suas aptidões sensório-motoras e depois psicomotoras. [...]. Não é menos verdadeiro que a sociedade coloca o homem na presença de novos meios sociais, novas necessidades e novos recursos, que aumentam possibilidades de evolução e diferenciação individual. A constituição biológica da criança ao nascer não será a única lei do seu destino posterior. Seus efeitos podem ser amplamente transformados pelas circunstâncias de sua existência, da qual não se exclui sua possiblidade de escolha pessoal (WALLON, 1986, 168-169).

Outra afirmação de Wallon leva minhas reflexões sobre a juventude de hoje, e o papel dos gestores:

> Vários meios podem, então, superpor-se para um mesmo indivíduo e até entrar em conflito. Alguns são vergonhosos, outros vantajosos, alguns são renegados e outros desejados. Assim a existência dos meios reais pode ser duplicada, para a criança, por julgamento de valor ou por aspirações imaginativas, no decorrer dos quais ela opõe a situação que desejaria para si e a situação do outro ao seu próprio destino. Os meios em que vive e aqueles com os quais sonha são a forma que deixa nela sua marca. Não se trata de uma marca recebida passivamente. [...] (WALLON, 1986, 171).

O peso do meio social posto pelo psicólogo é apresentado, de forma cristalina, no documentário realizado pelo Instituto Unibanco e dirigido por Cacau Rhoden, *Nunca me sonharam*, o qual traz depoimentos de jovens que frequentam o Ensino Médio em vários estados brasileiros e atesta as consequências das desigualdades sociais na formação da subjetividade deles. Na voz de um dos jovens, atesta a importância de sonhar um sonho para si, mesmo julgado impossível pelo meio concreto. "Meus pais nunca me sonharam. Nunca me sonharam sendo um psicólogo, um professor, um médico. Não me ensinaram a sonhar. Eu aprendi a sonhar sozinho". Na dialética concreto-imaginado, venceu o imaginado.

A fala desse jovem é um alerta para os educadores: essa juventude plural que temos hoje está pedindo ajuda para poder sonhar, imaginar-se como um ser de possibilidades. Imaginar o diferente, o novo, foi um dos mais fortes fatores para a evolução de nossa espécie. No entanto, se as circunstâncias impedem que muitos sonhos se realizem, cabe aos gestores e professores a ajuda solidária e crítica para tomada de decisões valiosas e exequíveis de seus alunos. Cabe, principalmente, ao CP, estar atento e fazer intervenções junto a seus professores para que eles próprios e, por um movimento de isomorfismo, seus alunos percebam que "eu sou eu e a minha circunstância, e se não salvo a ela, não me salvo a mim mesmo" (ORTEGA Y GASSET, 2002 apud DROGUETT, 2002, 75).

3. O pedagógico do Coordenador Pedagógico corre riscos de não se concretizar?

Uma coisa é pôr ideias arranjadas,
outra é lidar com um país de pessoas.
De carne e sangue, de mil e tantas misérias.
[...]. De sorte que carece de escolher.
(Guimarães Rosa, *Grande Sertão: Veredas*, 1984, 14)

Abbagnano (2000) assim define risco: "em geral, o aspecto negativo da possibilidade, o poder não ser [...]". É pertinente, portanto, identificar alguns riscos com os quais o CP pode se defrontar para, refletindo sobre eles, transformá-los em possibilidades. Se não tiver consciência destes, não arrisca para que o risco seja revertido em possibilidade.

A partir da experiência e da literatura pertinente, podem-se enumerar alguns:

- Risco da falta de clareza do papel do Coordenador Pedagógico, do qual deriva a não defesa de suas atribuições, ficando à disposição dos acontecimentos – um faz-tudo –, o que o leva a não planejar suas ações. A compreensão e interpretação de suas atribuições são condições para o desenvolvimento adequado de suas práticas;
- Risco de esquecer que "cada escola tem características pedagógico-sociais irredutíveis, quando se trata de buscar soluções para os problemas que vive" (AZANHA, 1983, 3);

    > Berger e Luckmann argumentam que a "integração interna" de uma instituição social só pode ser entendida em termos do conhecimento que seus membros têm dela. É um "conhecimento primário" que se refere às rotinas, aos saberes, às crenças e aos valores que definem os papéis a desempenhar e que constituem a dinâmica motivadora da conduta da instituição [que devem ser respeitados] (ALMEIDA, 2010, 66).

- Risco de utilizar estratégias como fins em si mesmos, sem ter clareza das fundamentações e possibilidades de seu uso. Por exemplo, trabalhar com estratégias narrativas parte do pressuposto de que, para fazer formação de adultos, é importante levar em conta três pilares: a experiência, a memória e a metacognição (PLACCO; SOUZA, 2006). Com esses três pilares, e utilizando estratégias adequadas, pode-se fazer aflorar "saberes não sabidos" dos professores;
- Risco de banalizar a importância das relações interpessoais e da afetividade. Relações interpessoais, livres de pressões e constrangimentos, relações afetivas são recursos para serem postos a serviço do conhecimento e não fins em si mesmos; não são pílulas de autoajuda;

- Risco de naturalizar as questões que surgem na escola. "Aqui, os alunos são assim mesmo", ou "É difícil fazer professores aceitarem novas propostas – estão engessados". Não é porque sempre foi assim que deve continuar do mesmo jeito;
- Risco de esquecer o alerta de Wallon sobre observação: "Observar é registrar o que pode ser verificado. Mas registrar é ainda analisar, é ordenar o real em fórmulas, é fazer-lhe perguntas" (WALLON, 1975, 16). Fazer perguntas ao real, ao contexto do professor e dos alunos é fundamental;
- Risco de não se sentir pertencente ao grupo, porque sua liderança fica enfraquecida. Saber fazer a gestão das tarefas e das relações interpessoais possibilita a legitimidade de sua função e o pertencimento ao grupo;
- Risco de esquecer que para a escola ganhar vitalidade é preciso uma crítica permanente de suas práticas, do produzido, bem como uma preocupação constante com os vínculos que deve manter com a vida concreta.

Considerações finais – sem ponto final

> *Nenhum vento ajuda a quem não sabe para que porto deverá navegar.*
> (Karl Mannheim, *Diagnóstico de nosso tempo*, citando Montaigne, 1. Como epígrafe da obra)

O desejo de apresentar visibilidade à função mediadora do CP como articulador, formador e transformador foi um disparador de memórias de minha trajetória profissional. Narrei uma delas. Outras poderiam ser registradas, mas escolhi uma que faz sentido em um texto que se pretende histórico. Narrei também uma memória de meu tempo de aluna. Essas memórias, ao serem narradas, transformaram-se em pedaços de minha história. Eu me narrei porque tenho uma história, mas, dialeticamente, tenho uma história porque me narrei.

Minha trajetória como aluna e profissional envolveu uma série de eventos de sorte. Tive a sorte de frequentar boas escolas públicas, com mestres que me ensinaram o prazer de aprender, que me fizeram vibrar ao perceber que meu conhecimento podia se ampliar e que eu podia penetrar em outros mundos; que me deram chaves para a entrada nesses novos universos... Tive a sorte de trabalhar em escolas que acreditavam no trabalho coletivo e em órgãos centrais da Secretaria Estadual de Educação que me possibilitaram uma visão macro sobre a rede pública e que me fizeram reconhecer que, apesar das mazelas que lhe foram (e são) atribuídas, a escola pública está viva. Tive a sorte de trabalhar com alunos de diferentes segmentos de ensino e com eles aprender muito sobre o processo ensino-aprendizagem (ALMEIDA, 2011, 2012b).

Meu percurso na área da educação deu-me clareza de que a escola é um lugar de aprendizagem de diversas ordens, algumas mais simples, outras mais complexas, que dificilmente aconteceriam em outros espaços. Tentarei identificar algumas.

Começo pelos alunos: aprender a conviver com normas com as quais não tiveram acesso antes da entrada na escola, normas nem sempre entendidas porque pouco explicadas; aprender a compreender os outros de seu espaço para chegar a uma convivência respeitosa; aprender conceitos das diferentes áreas do conhecimento; aprender que é um ser de possibilidades, apesar de circunstâncias desfavoráveis.

Vou para os professores e defendo, em inteira concordância com Canário (1998, 9):

> A escola é habitualmente pensada como o sítio onde os alunos aprendem e os professores ensinam. Trata-se, contudo, de uma ideia simplista, não apenas os professores aprendem, como aprendem, aliás, aquilo que é verdadeiramente essencial: aprendem a sua profissão.

Aprender a profissão é aprendizagem extremamente complexa.

Chego aos gestores, com foco no CP. Também para ele há aprendizagens bastante complexas: aprender que a configuração de sua função decorre das atribuições que recebe da estrutura oficial (o instituído que chega pela legislação), da organização e do funcionamento da escola, principalmente para o iniciante, que não conhece a cultura da escola e do sistema; aprender que essas atribuições podem não ser determinantes para sua atuação, pois é o sentido conferido às atribuições que lhe chegam que vai dar forma à sua prática; aprender que precisa atender às necessidades de professores e alunos, mas também as suas; aprender que a sabedoria do grupo lhe dá sustentação – e que deve confiar nela; aprender que o grupo tem respostas e recursos, mas espera sua liderança pedagógica para articular seus saberes e seus esforços.

Acrescento, para finalizar, sem ponto final, algo que também se aprende na escola, nas relações formador-formandos: escola é lugar de confrontos e tensões, porque há um embate constante de subjetividades que faz parte do viver dentro e fora da escola.

Tenho aprendido que uma boa fórmula para lidar com as questões do contexto escolar, esperadas ou não, é temperar firmeza com leveza. Quando o formador tem bem determinado onde quer chegar porque é preciso chegar lá e traça seu percurso fundamentado na ética, no respeito e na empatia, impulsiona a reflexão para que os diferentes ângulos da situação sejam percebidos e, assim, decisões adequadas sejam tomadas.

Referências

ABBAGNANO, Nicola. *Dicionário de filosofia*. São Paulo: Martins Fontes, 2000.

ALMEIDA, Laurinda Ramalho de. *Ensino Noturno – Memórias de uma experiência*. São Paulo: Loyola, 2010.

_____. O relacionamento interpessoal na coordenação pedagógica. In: ALMEIDA, L. R. de; PLACCO, V. M. N. de S. (Orgs.). *O Coordenador Pedagógico e o espaço da mudança*. São Paulo: Loyola, ¹⁰2011, 67-79.

_____. A coordenação pedagógica no Estado de São Paulo nas memórias dos que participaram de sua história. In: ALMEIDA, L. R. de; PLACCO, V. M. N. de S. (Orgs.). *O Coordenador Pedagógico e o Atendimento à Diversidade*. São Paulo: Loyola, 2012a, 11-45.

_____. Das relações entre Educação e Psicologia, na perspectiva de uma educadora. *Psicologia Escolar e Educacional,* v. 16, n. 2 (2012b), 341-348.

ALMEIDA, Laurinda Ramalho de; PLACCO, V. M. N. de S. O Papel do Coordenador Pedagógico. *Revista Educação*, ano 12, n. 142 (2009) 38-40.

AZANHA, José Mario Pires. Documento preliminar para reorientação das atividades da Secretaria Estadual da Educação de São Paulo, 1983. *Educação e Pesquisa*, São Paulo, v. 30, n. 2 (2004).

BRASIL. Ministério da Educação e Cultura. Decreto Lei n° 5.692/1971. Fixa as Diretrizes e Bases para o Ensino de 1° e 2° graus.

CANÁRIO, Rui. A Escola: o lugar onde os professores aprendem. *Psicologia da Educação*, São Paulo: PUC-SP, n. 6 (1998).

DOCUMENTÁRIO. *Nunca me sonharam*. Produção Maria Farinha Filmes. Direção Cacau Rhoden. São Paulo: Instituto Unibanco, 2017.

DROGUETT, Juan Guillermo. *Ortega y Gasset. Uma crítica da razão pedagógica*. Petrópolis: Vozes, 2002.

GUIMARÃES ROSA, João. *Grande Sertão: Veredas*. Rio de Janeiro: Nova Fronteira, 1984.

MANNHEIM, Karl. *Diagnóstico de nosso tempo*. Rio de Janeiro: Zahar, 1961.

ORTEGA Y GASSET. Discurso dirigido ao povo espanhol. In: FIGUEIREDO, C. (Org.). *100 Discursos históricos*. Belo Horizonte: Leitura, 2002. 259-273.

PLACCO, V. M. N. de S.; SOUZA, V. L. T. (Orgs.). *Aprendizagem do Adulto Professor*. São Paulo: Loyola, 2006.

SÃO PAULO. (ESTADO). Lei Complementar n° 114/1974. Institui o Estatuto do Magistério Paulista de 1° e 2° graus.

_____. Lei Complementar n° 201/1978. Dispõe sobre o Estatuto do Magistério Paulista e dá providências correlatas.

_____. Lei Complementar n° 444/1985. Dispõe sobre o Estatuto do Magistério Paulista e dá providências correlatas.

_____. Decreto n° 1.089/1973. Dispõe sobre a instituição do Calendário Escolar para os Estabelecimentos oficiais de 2° grau em 1973.

_____. Secretaria Estadual de Educação. Resolução n° 28/1996. Dispõe sobre o processo de designação de docente para exercer a função de coordenação pedagógica em escolas da rede estadual de ensino e dá providências correlatas.

WALLON, Henri. *Psicologia e Educação da Infância*. Lisboa: Estampa, 1975.

_____. Os meios, os grupos e a psicogênese da criança. In: WEREBE, M. J. G.; NADEL-BRULFERT, J. (Orgs.). *Henri Wallon*. São Paulo: Ática, 1986.

O Coordenador Pedagógico que dá conta do pedagógico, na perspectiva de professores

Elisa Moreira Bonafé[1]
elisa_bonafe@hotmail.com

Laurinda Ramalho de Almeida[2]
laurinda@pucsp.br

Jeanny Meiry Sombra Silva[3]
jeanny.sombra@hotmail.com

O ponto de partida

As autoras deste texto tiveram experiências profissionais na coordenação ou na orientação pedagógica em diferentes momentos históricos. Hoje, a coordenação pedagógica ocupa grande parte de suas leituras, discussões e pesquisas.

Diversos estudos têm sido realizados sobre as variadas dimensões e especificidades da coordenação pedagógica, como é o caso desta

---

1. Doutoranda em Educação: Psicologia da Educação, e Mestre em Educação: Formação de Formadores, ambos pela PUC-SP. Diretora do Núcleo Técnico do Sistema de Formação de Educadores da Rede Municipal de Ensino de São Paulo (SME-SP).
2. Professora e vice-coordenadora do Programa de Estudos Pós-Graduados em Educação: Psicologia da Educação e professora do Mestrado Profissional em Educação: Formação de Formadores, ambos da PUC-SP.
3. Doutoranda em Educação: Psicologia da Educação pela PUC-SP. Formadora de professores e de Coordenadores Pedagógicos pela SEE-SP. Professora do programa de pós-graduação em Educação da UniÍtalo.

coleção, que há vinte anos concentra esforços em problematizar as práticas, os limites e as possibilidades de atuação do Coordenador Pedagógico (CP), cuja valorização e o fortalecimento do profissional na escola têm sido enfatizados pelos pesquisadores da educação.

Propomos aqui outro olhar para a coordenação pedagógica: o olhar do professor. Entendemos que a coordenação é realmente pedagógica quando há uma intervenção intencional nas propostas de ensino e nas situações que favorecem as aprendizagens dos alunos. Sendo assim, o Coordenador Pedagógico não restringe sua ação no atendimento às demandas dos órgãos centrais (apesar de precisar fazê-lo), não trabalha somente com a gestão escolar (mesmo fazendo parte da equipe gestora da unidade educacional) e também não trabalha somente com os professores (mesmo que alguns pensem que sim). Aqui, porém, reside nosso foco: não existe coordenação pedagógica sem professor. Neste estudo, portanto, propusemos buscar entender, com base no olhar do docente, o que torna um Coordenador Pedagógico realmente significativo para o professor.

O estudo

– Olhe, Macabéa...
– Olhe o quê?
– Não, meu Deus, não é olhe de ver, é olhe como quando se quer que uma pessoa escute! Está me escutando?
(Clarice Lispector. *A hora da estrela*, 54)

Pela forma hierarquizada com que as escolas se organizam, muitas vezes o CP não tem conhecimento ou clareza das visões dos professores em relação às atividades que realiza. Optamos, desse modo, por perscrutar suas impressões e representações.

Para essa escuta, realizamos um estudo exploratório. Assim, elaboramos um questionário aberto como instrumento para a coleta de dados, o qual foi respondido por 32 professores que atuam em escolas públicas, cujo objetivo foi coletar informações sobre o que pode caracterizar um bom CP na perspectiva dos professores. Partimos do pressuposto de que os profissionais que se disponibilizaram a responder tiveram, em sua trajetória na educação, alguma experiência com Coordenadores Pedagógicos nas escolas por onde transitaram, tendo sido essas experiências boas ou não tão boas.

O bom coordenador: muitas vozes e muitos fatores

Não existe o bom ou o mau;
é o pensamento que os faz assim.
(William Shakespeare, *Hamlet*, ato II, cena IV)

Cunha (1989) procurou identificar os motivos de alguns professores serem considerados bons por seus alunos e por seus colegas de trabalho, e seu estudo foi uma provocação para o nosso. Em diferentes momentos de seu livro, a autora esclarece que "a ideia de competência é socialmente definida, em função do tempo e lugar em que é percebida" (46) e que "a ideia de bom professor [que, no caso deste texto, seria o bom CP], sendo valorativa, depende do referencial e da experiência do sujeito que atribui valor" (53).

Portanto, a questão "Durante toda a sua trajetória na educação, você trabalhou com algum profissional que considerou ter sido um bom Coordenador Pedagógico?" foi respondida, pelos professores, com base no conjunto de experiências com diferentes CP. Ao responder à pergunta, foram estabelecidas comparações, atribuindo maior ou menor valor às contribuições e às formas de atuação dos coordenadores com quem os respondentes trabalharam, levando em conta o vivido, a literatura na área da educação e o que a sociedade projeta para o Coordenador Pedagógico.

Apenas dois respondentes indicaram nunca ter trabalhado com alguém que consideraram um bom Coordenador Pedagógico. Estes não responderam à pergunta seguinte: "O que tornava esse profissional um bom Coordenador Pedagógico?".

A fim de entender o que pode constituir o coordenador realmente pedagógico, fizemos um levantamento nas respostas que recebemos, com o intuito de identificar as características que prevalecem nos CP que foram, por diferentes motivos, escolhidos e descritos como bons na especificidade de sua profissão.

Antes de adentrarmos as respostas, ressaltamos algumas considerações de Nóvoa (2017). O autor chama a atenção para uma prática que acontece desde o século XIX, de criar uma lista de atributos ou competências que um bom profissional deve possuir. Segundo Nóvoa, essa prática se baseia

> no pressuposto de que é possível estabelecer um conjunto de características definitórias [...] insuficientes e incapazes de traduzir a complexidade da profissão docente e dos seus processos de formação (1.118).

Concordando com Nóvoa, não nos dedicaremos a listar as qualidades de um bom Coordenador Pedagógico, mas em identificar o que é apresentado repetidamente nas diferentes respostas e, ainda, o que pode estar oculto nas descrições feitas pelos respondentes.

Coordenadores realmente pedagógicos: com a fala, o professor

As falas dos professores foram discutidas com base na Análise de Conteúdo, na perspectiva de Bardin (2011), que prevê três fases: pré-análise, exploração do material e tratamento dos resultados, por meio de inferências e interpretações. Cumprimos as seguintes etapas: em um primeiro momento, realizamos uma leitura flutuante para localizar no texto as informações explícitas sobre o que os respondentes descreveram como "bons coordenadores". Selecionamos as que foram citadas de forma mais recorrente por diferentes respondentes. A etapa seguinte foi identificar as expressões verbais utilizadas pelos professores, que conferiram sentidos diferenciados às suas respostas. Essa observação nos permitiu segmentar o texto e organizar as informações em categorias de análise. Estas foram nomeadas a partir da frequência com que apareceram, ou seja, emergiram das leituras e releituras feitas no texto, quais foram: a) teoria e prática, b) postura de formador, c) compromisso com autoformação e d) relações interpessoais.

a) Categoria: teoria e prática

Para composição dessa categoria, levamos em consideração as referências utilizadas pelos professores ao mencionarem o termo *teoria*. Vinculadas a esse termo, estão expressões como leitura, estudo, análise, conhecimento etc. As respostas quase sempre associam o elemento *teoria* a outro termo: à *prática*. Esta última é entendida como atuação didática do professor em sala de aula. Dentre algumas respostas:

> Auxiliando no planejamento de aulas, no desenvolvimento de projetos, no acompanhamento dos alunos. Quanto à formação, faz reflexões, auxilia na transposição das atividades de sala de aula, buscando soluções aos problemas de aprendizagem, além de fazer reflexão dos dados colhidos em avaliações e atividades/ projetos da escola (Professor 2).

> O coordenador representava o horizonte, sempre buscava luz e conforto em relação aos conflitos epistemológicos na intervenção mais adequada na sala de aula (Professor 23).

> Nos momentos de formação [...] instiga o professor na busca de novos conhecimentos para enriquecer sua prática (Professor 9).

> Um profissional muito engajado com o processo de formação que aliava conteúdo de qualidade e práticas significativas (Professor 5).

Interessante notar que os CP admirados pelos colegas da escola promovem o constante diálogo da teoria com a prática, na própria atuação cotidiana. As respostas indicam que os momentos formativos dos bons CP promovem a reflexão, instigam a busca de conhecimentos e o estudo da prática. Ou seja, a formação não é apresentada somente como momento de aprofundamento teórico ou de estudos de materiais externos, mas há uma conversa *com* e *sobre* as práticas e os problemas da escola.

A atividade teórica por si só não leva à ressignificação da prática. Por outro lado, o saber docente não é formado apenas da prática, sendo também nutrido pelas teorias da educação. Dessa forma, os professores investigados evidenciaram em suas respostas o reconhecimento de que a teoria tem importância fundamental no processo de formação dos docentes.

b) Categoria: postura de formador

Observamos em diferentes respostas a expressão *clareza do papel*. A maioria dos professores considera como papel fundamental no CP a realização da formação continuada na escola, considerando-o como "par mais avançado" (professor 17).

Placco, Almeida e Souza já afirmavam, em 2011, que o CP "é o profissional mediador entre currículo e professores e, por excelência, formador de professores" (228), e continuam explicando:

> compete-lhe, então, em seu papel formador, oferecer condições ao professor para que aprofunde sua área específica e trabalhe bem com ela, ou seja, transforme seu conhecimento específico em ensino (230).

As respostas imprimem a postura desejável ao bom formador: democrático, disposto, envolvente, perfil de liderança e não autoritarismo, ético, responsável, engajado etc.

> Um bom CP prioriza a formação, articula as pessoas em prol do trabalho coletivo para atingir o ideário comum expresso no PPP e exerce liderança (Professor 18).
>
> Clareza da sua função: formação continuada, acompanhamento e avaliação de ações [...] (Professor 26).
>
> Ético, profissional, valoriza a formação dos docentes nos horários coletivos [...] (Professor 30).
>
> [...] profissional muito engajado com o processo de formação (Professor 5).

O bom Coordenador Pedagógico é aquele que trabalha como facilitador do processo ensino-aprendizagem. Ele faz parte do processo, se envolve (Professor 9).

Complementando a postura de formador, também se associaram os seguintes termos: planejamento, pautas, metas, registros, objetivos, acompanhamento, avaliação de ações etc.

> Papel de formador, profissionalismo ao lidar com as questões que permeiam a rotina escolar [...] (Professor 27).
>
> [...] organização das pautas formativas articuladas com as demandas da unidade escolar (Professor 15).
>
> Focado nas metas e objetivos em prol do processo de ensino e aprendizagem (Professor 16).
>
> [...] Dava especial atenção aos momentos de formação, com planejamento detalhado e envolvimento de todo o grupo, tornando estes momentos agradáveis e produtivos (Professor 19).

Na visão dos professores, portanto, o bom CP planeja o encontro, organiza a pauta formativa, pensa nos objetivos e metas que a escola precisa alcançar. Isso nos leva a concluir que, ao realizar as observações de aulas dos professores, ao conduzir a formação continuada e planejar projetos ou atividades na escola, o bom CP faz registros de sua ação, pois entende os registros como um valioso recurso para fundamentar e historicizar suas práticas. O registro empodera o Coordenador Pedagógico por trazer dados reais e tornar visível o que, em alguns casos, parece invisível.

Para efeito da discussão deste texto, vamos usar o conceito de *posição* adotado por Nóvoa (2017, 1.119) para o CP:

> Em primeiro lugar, é preciso compreender como é que se marca uma posição, no plano pessoal, mas também no interior de uma dada configuração profissional. Depois, é fundamental perceber que as posições não são fixas, mas dependem de uma negociação permanente no seio de uma dada comunidade profissional. Nesse sentido, a posicionalidade é sempre relacional. Finalmente, é

importante olhar para a posição como uma tomada de posição, isto é, como a afirmação pública de uma profissão.

Assim, entendemos que o Coordenador Pedagógico ocupa um espaço dentro de seu local de trabalho, de acordo com as posturas que assume perante os desafios apresentados. Ao se posicionar, ele desenvolve um modo próprio de agir que assume ser seu, como uma forma de se afirmar publicamente na função de formador de professores.

Podemos inferir que a valoração dada ao cuidado no planejamento e na condução das formações pode não estar relacionada somente ao que é prescrito como desejável àquele que ocupa o papel de Coordenador Pedagógico, mas, sim, à percepção da verdadeira contribuição de uma formação bem planejada, que considera as necessidades da escola e dos professores, que dialoga com as práticas e que realmente ajuda o professor na sua atuação em sala de aula.

c) Categoria: compromisso com autoformação

A valorização do CP na escola passa pela necessidade de reconhecê-lo como um educador em formação permanente. Os respondentes citaram admirar o Coordenador Pedagógico que investe na própria formação, entendendo que era um diferencial desse profissional em relação aos outros com quem trabalharam:

> A coordenadora mencionada é muito inteligente, procura se aperfeiçoar nos temas abordados, está em constante formação (Professor 5).
>
> Sua inteligência acima da média traz segurança e inspiração (Professor 9).
>
> Sua permanente busca por formação (Professor 16).
>
> E também considero importante que o coordenador se empenhe em formação: tanto para si próprio quanto para "formar" os demais, sobretudo os professores (Professor 30).
>
> A constante pesquisa para aprender sempre (Professor 32).

Na maioria dos casos, o CP dorme professor e acorda coordenador (BONAFÉ, 2015). O contexto mudou e, para conquistar, nas novas situações, autonomia e segurança, o primeiro passo é identificar a necessidade de mudança em si. Ao investir na própria formação continuada e no aprendizado constante, o CP se percebe assumindo novos papéis, a partir dos novos conhecimentos adquiridos, e constituindo "práticas adequadas estabelecidas em função dessa percepção das condições contextuais mutáveis" (GARCÍA, 1999, 150).

Nossa experiência trabalhando como e com coordenadores nos permite, nesse ponto, afirmar que cada coordenador é responsável por seu processo de desenvolvimento pessoal e profissional, pois cabem a ele o direcionamento, o discernimento e a decisão de que caminhos percorrer. Não há política ou programa de formação contínua que consiga aperfeiçoar um CP que não considere isso uma necessidade, que não perceba o valor do processo individual-coletivo e do aperfeiçoamento pessoal-profissional. Em que pesem nossas constatações, as falas dos professores ouvidos deixam claro que, para o CP ter sua atuação legitimada, para ser considerado um "par avançado", é necessário que se torne evidente, para o grupo docente, o seu compromisso com a autoformação.

A questão da legitimação de seu papel passa também por um processo de profissionalização, entendido como a ruptura de uma postura formal e formalizada, para uma postura de investigação e descobertas da e na própria prática.

d) Categoria: relações interpessoais

Nas respostas, os professores categorizam como um bom CP o profissional que esteja atento às relações interpessoais. As expressões mais utilizadas para essa categoria foram: respeito, empatia, atenção, diálogo, sensibilidade.

A preservação do relacionamento humano como uma preocupação nas ações rotineiras do Coordenador Pedagógico revela que esta é uma categoria bastante valorizada pelos profissionais que trabalham com o ensino e torna-se um diferencial tão grande, que extrapola a quantidade de respostas voltadas à formação.

Era uma pessoa muito humana, querida, atenciosa, com quem aprendi muito (Professor 1).

A dinâmica exercida no grupo, estabelecendo um bom contato, apoiando o trabalho dos professores (Professor 3).

A capacidade de coordenar as ações de maneira a fazer com que o grupo fosse unido (Professor 4).

A maneira como ela conduzia seu trabalho, sempre se pondo no lugar do outro, viabilizando o trabalho dos professores, tratando todos com respeito e cordialidade (Professor 6).

Seu relacionamento humano e afetivo com seus profissionais (Professor 12).

Democrática, trata todos com respeito. [...] Imparcial (Professor 13).

Sensibilidade no tratamento (Professor 15).

Seu respeito pelo trabalho e pela comunidade educativa [...] sua boa interlocução com os demais integrantes da gestão (Professor 16).

A atenção e o cuidado dispensado aos professores, alunos e comunidade, [...] e o respeito por todos na hora de propor novas ações (Professor 32).

A característica principal [...] é a de escutar antes de tomar qualquer decisão. [...] É uma função que está ligada com alunos, professores, direção, funcionários, comunidade (Professor 30).

Tinha um perfil amigável com todos, porém, profissional. [...] Valorizava esforços individuais e coletivos. Elogiava em grupo e críticas apenas em particular (Professor 18).

É interessante notar que a valorização do relacionamento interpessoal atencioso e respeitoso do CP é expandida para os relacionamentos não só com o grupo de professores, mas com os educandos, os demais profissionais da escola e as famílias. A descrição do professor 30 reforça essa avaliação, destacando que o CP trabalha com pessoas.

Muitos professores discorreram sobre a importância do CP como agente mobilizador do grupo, isto é, afirmaram que os bons CP com os quais já trabalharam foram aqueles que conseguiram valorizar o trabalho em equipe para a tomada de decisões e para o fortalecimento de um coletivo da escola, na promoção de um grupo único, contemplando as diferenças e as individualidades. Trazemos aqui um recorte ampliado da resposta do professor 10:

> O relacionamento com a maior parte do grupo é ótimo. Ele traz informações que acrescentam a nossa formação um olhar diferenciado para velhos paradigmas.

Essa descrição aponta para uma direção interessante: esse "ótimo relacionamento" do CP com a maioria dos professores não é uma ação passiva ou amorosa. A continuação da resposta indica que o bom CP, na visão desse professor, foi um profissional capaz de mobilizar o grupo para a aprendizagem e o crescimento profissional.

> Sabia como unir e estimular o grupo. O que mais me afetava era o jeito de se relacionar com todos, a sua bagagem teórica, o seu compromisso e dedicação à educação (Professor 7).

A capacidade de se relacionar e estimular o grupo foi algo que se destacou nesse CP, mas essas qualidades não foram valorizadas isoladamente; a bagagem teórica e o compromisso é que as sustentam, formando parte de um conjunto de saberes que se articulam e que podem, em nossa perspectiva, incentivar os professores a investir na educação de seus alunos.

Por saberes, apoiamo-nos em Tardif (2000), que considera que os saberes dos professores são temporais; plurais e heterogêneos; personalizados e situados. Enfim, os saberes são constitutivos da pessoa do professor. Assim, na tarefa de coordenação pedagógica, é muito importante prestar atenção no outro, em seus saberes, dificuldades e angústias. Como afirma Almeida (2010, 70):

> Se o ensino é uma profissão relacional (como afirma Perrenoud) e se boa parte dos saberes dos professores é construída na relação com o outro (Tardif), o Coordenador Pedagógico precisa

conhecer e valorizar a trama das relações interpessoais nas quais ele, coordenador, e seus professores interagem. E, ao lidar com professores que trabalham com seres humanos usando a si próprio como instrumento de trabalho, precisa desenvolver com esses professores uma relação calorosa autêntica, relação que lhes permita desenvolver-se como pessoas que vão se relacionar com pessoas.

Entrelaçamentos

As leituras de todas as respostas dos professores, bem como os recortes que apresentamos neste texto, conduziram-nos a algumas conclusões. Comparando a quantidade de citações que valorizam o relacionamento interpessoal com as citações que tratam da formação, visualmente é possível perceber:

1. Mais referências ao bom relacionamento entre as pessoas, comparado com as referências sobre formação;
2. Maior diversidade de marcas textuais associadas ao relacionamento interpessoal.
3. Vários respondentes valorizaram tanto o papel formador quanto o bom relacionamento.

Quando escolhemos fazer uma pergunta aberta, sabíamos que ela era necessária para que os professores participantes pudessem descrever livremente características dos Coordenadores Pedagógicos que os afetaram positivamente. Se tivéssemos estabelecido categorias prévias para múltipla escolha, baseados na literatura do campo da formação docente, provavelmente a análise seria mais fácil, mais objetiva, porém perderíamos algumas nuances, e não daríamos chance de ouvir as vozes dos professores, que, no nosso ponto de vista, era o mais importante neste estudo.

A análise atenta de todas as respostas nos permitiu agrupar os termos utilizados em uma relação de 35 características dos bons coordenadores descritos. O objetivo dessa análise, com base nas referências feitas por quem conviveu com um ou mais Coordenadores Pedagógicos reconhecidos como profissionais que representam bem sua profissão, não foi, como afirmado anteriormente, estabelecer uma lista de qualidades, conhecimentos, capacidades ou habilidades que o CP deve apresentar, mas observar e discutir as diferenças que foram apontadas pelos respondentes. No entanto, por que diferenças? Porque reconhecemos a individualidade das pessoas-profissionais e, mesmo que tenham sido caracterizadas com termos semelhantes, as respostas não são iguais; além disso, há marcas pessoais em cada resposta, tornando particular o conjunto de qualidades mencionadas por cada professor.

Sendo muitas as características citadas, iniciamos um esforço para agrupá-las em categorias. Nosso foco de análise voltou-se, então, para o agrupamento das características semelhantes nos profissionais que mais se destacaram, na visão de seus colegas. Ocorre que, como afirma Nóvoa (2017, 1.118), "ninguém constrói a sua identidade profissional fora de um contexto organizacional e de um posicionamento no seio de um coletivo que lhe dê sentido e densidade".

Com isso, percebemos que esses "bons CPs" citados pelos professores respondentes possuem em comum dois compromissos que, conforme anunciado no subtítulo, estão entrelaçados a todo o momento à sua ação:

- Compromisso pedagógico;
- Compromisso com as relações humanas.

O compromisso pedagógico diz respeito à manutenção do foco do CP no processo de ensino-aprendizagem como ação principal da escola. Ele é referenciado no ato de olhar e considerar o aluno nas múltiplas situações de atendimentos, reuniões, tomada de decisão, organização de eventos e, também, no acompanhamento das aprendizagens.

A autoformação também está situada nesse compromisso. Foram citados, nesse âmbito, o comprometimento com a rotina de formação e a postura de corresponsabilização do CP com as aprendizagens, que considera os desafios apresentados pelos professores e se posiciona como um par mais avançado dos docentes, utilizando sua experiência profissional e seu repertório pedagógico para contribuir no planejamento das atividades, no desenvolvimento de projetos, na avaliação e no acompanhamento das ações de ensino na escola.

No que diz respeito à postura do formador, destacou-se o interesse do CP no trabalho realizado pelos professores, numa postura de apoio e colaboração.

O pedagógico transita entre a ação do CP com o professor e deste com o aluno. Poucas respostas apontaram que o bom CP deve considerar o aluno como ponto de interesse maior da ação coordenadora. Percebemos que aqui reside a necessidade de outra reflexão, novamente apoiada em Nóvoa, sobre o que ele nomeia de "terceiro gênero de conhecimento":

> A capacidade de compreender a "essência" do ensino, e sobre ela falar, representa o terceiro gênero de conhecimento. Esse último gênero é, também, uma maneira de viver profissional e, por isso, constitui-se no interior de uma dada comunidade docente (2017, 1.127).

O autor refere-se à ideia de discernimento, ou seja, à capacidade de o professor decidir no cotidiano profissional. "Ser professor não é apenas lidar com o conhecimento, é lidar com o conhecimento em situações de relação humana" (NÓVOA, 2017, 1.127). E pode-se acrescentar: tais situações envolvem imprevisibilidade e incerteza, tanto para o professor quanto para o CP.

Em relação ao segundo compromisso: das relações humanas, entendemos que é importante refletir sobre algumas descrições feitas pelos professores. Alguns utilizaram os termos "pessoa" e "humana". Entendemos que a opção por estes termos no lugar de escrever "era um profissional" revela a valorização de uma característica individual presente no âmbito profissional destes Coordenadores Pedagógicos. Eles foram valorizados não por ser "bonzinhos", mas por prezarem os aspectos humanos no exercício da sua profissão a favor da aprendizagem.

Compreender que o professor é um ser humano, portanto passível de cometer erros, evitará julgamentos duros e exigirá maior cuidado com as palavras. Ou, como afirma o professor 18, o bom CP "Valoriza esforços individuais e coletivos. Elogia em grupo e critica apenas em particular". A valorização dos aspectos humanos proporciona maior harmonia nas relações.

Sinto-me bem ao pensar que, em minha trajetória de professora, orientadora e pesquisadora, se cometi erros, e com certeza cometi muitos, tentei sempre não pisar nos sonhos daqueles com quem trabalhei, ensinando e aprendendo (ALMEIDA, 2017, 29).

Assumir e reconhecer nossos erros, e ter como princípio "não pisar nos sonhos" das pessoas, possibilita-nos ensinar e aprender nas diferentes situações da escola.

A escuta, também bastante citada pelos respondentes como uma das atitudes presente nos bons CP, parece ser o que Rogers (apud ALMEIDA, 2017) nomeia como ouvir ativo. Não se trata apenas de estar aberto para escutar e acolher o professor, voltando em seguida a fazer o seu trabalho. O ouvir ativo é escutar o que o professor diz e o que ele quer dizer quando não encontra as palavras certas. É traduzir a ansiedade subjacente ao discurso do professor, ajudando-o a perceber as variáveis que estão presentes e que ele não conseguiu enxergar. É nomear os sentimentos, destacando o que cabe ou não cabe, no âmbito do processo de ensino-aprendizagem, e se colocar, ativamente, junto do professor na busca de soluções.

Foi bastante citado como bom coordenador aquele que ajuda, apoia e procura soluções. Não nos pareceu insensato unir a esses atributos outras expressões mais voltadas ao encorajamento, tais como: motivar, estimular e incentivar. As descrições dos professores 3 e 8 ilustram esta decisão:

> O que mais me inspirava e motivava eram o envolvimento e a capacidade de buscar soluções (Professor 3).
>
> O coordenador participativo traz motivação e novos desafios para a equipe de professores (Professor 8).

Para esses professores (e por que não para outros também?), perceber a parceria e o envolvimento do coordenador no enfrentamento de suas dificuldades os motiva a continuar ensinando e, provavelmente, a continuar aprendendo. As ações de motivar, estimular e incentivar podem, muito provavelmente, estar vinculadas à experimentação de novas práticas. Apresentamos outro relato de

Coordenador Pedagógico que ilustra esse apoio e a busca de soluções por parte do CP, que pode ser um incentivo à ressignificação de práticas docentes:

> Por exemplo, teve um professor, uma vez, que a questão do trabalho em grupo era uma dificuldade grande pra ele, e aí eu vi que ele estava trabalhando um tema que dava para trabalhar em grupo e, provavelmente ele conseguiria um resultado mais positivo dessa forma, então aí eu dou a devolutiva, geralmente, oral pra esse professor (Depoimento de Juliana, in BONAFÉ, 2015, 106).

García lembra que "é necessário conceder uma atenção especial à *dimensão pessoal da mudança*, se realmente pretendemos que algo mude" (1999, 47). Ele cita outros autores para reforçar que a aprendizagem do professor é um processo pessoal e causa ansiedade no profissional, por isso sugere que o professor seja instigado a experimentar e inserir pequenas mudanças na sua prática, pois, ao observar os efeitos dessa mudança nos alunos, pode mudar suas concepções em relação ao processo de ensino-aprendizagem.

Na mesma defesa da interligação da formação continuada para o desenvolvimento profissional do professor a partir de ações de encorajamento, Imbernón (2009, 99) afirma que, para motivar a formação continuada do professor, é preciso valorizar o seu lugar de trabalho, suas perspectivas e condições para ensinar.

A quantidade maior de respostas que fazem referência ao compromisso com as relações humanas nos permite realizar algumas leituras: o par avançado é o mesmo que ajuda, apoia e busca soluções. É o mesmo que ensina o professor. É aquele que também articula o trabalho da escola, acompanha projetos e atividades, motiva, estimula e incentiva e está sempre presente. Impossível estar em todos os lugares da escola ao mesmo tempo, portanto entendemos que o termo "sempre presente", utilizado pelo professor 13, não se refere a um profissional assíduo, mas a um CP com presença marcante e importante, a presença de um parceiro, em quem o grupo sabe que pode confiar.

O par avançado, que une o compromisso pedagógico com o compromisso com as relações na escola, faz uso de seu repertório pedagógico, de sua experiência na coordenação, e estimula a participação dos professores na formação, pois reconhece os saberes dos docentes. Esse par avançado constrói e reconstrói a posição que ocupa diariamente, na relação com os outros da escola e no exercício de adaptação aos contextos mutáveis, movendo-se para a constante formação de si, dos professores e dos educandos. Esse par avançado também conhece e reconhece as aprendizagens dos alunos e as utiliza como ponto central das formações e no encaminhamento das decisões.

Em síntese...

É na relação com a alteridade que os indivíduos se constituem. Ter a oportunidade de trabalhar com um profissional, o qual apreciamos pelas qualidades mencionadas nas respostas, influencia nossa ação, imprimindo em nós boas marcas.

Os professores ouvidos nos deram a entender que a experiência em ter contato com alguém que considera um "bom Coordenador Pedagógico" traz satisfação e a sensação de não estar sozinho na tarefa de ensinar e de lidar com os múltiplos desafios da escola. As características ou qualidades a que os respondentes fizeram referência foram abordadas ao longo deste texto, mas é importante destacar que os CP descritos se tornaram referência para aqueles com quem trabalharam.

Os bons coordenadores descritos por colegas que os admiravam (alguns que ainda admiram) se constituem par avançado dos professores não somente por seus conhecimentos teóricos ou técnicos, tampouco por prezarem somente fazer da escola um ambiente agradável. Eles defendem que ensinar é uma atividade humano-relacional comprometida com o pedagógico.

Entre muitas vozes e muitos fatores, abarcamos apenas alguns neste texto. Certamente, o CP tem muito a dizer sobre suas necessidades, desde que lhe seja dado espaço para isso. Olhar para o que dizem os professores sobre a questão levantada exigiu de nós um exercício dialético. Resgatamos o que afirmamos anteriormente: o julgamento daquilo que é bom ou mau fica diluído na compreensão individual, esmaecido na particularidade da esfera pessoal. Daí a diversidade de compreensões referidas pelos professores. Mesmo assim, acreditamos que podemos arriscar uma definição do que para nós é um Coordenador Pedagógico inspirador: uma pessoa comprometida com outras pessoas e com suas aprendizagens.

Referências

ALMEIDA, L. R. O relacionamento interpessoal na coordenação pedagógica. In: ALMEIDA, L. R.; PLACCO, V. M. N. S. (Orgs.). *O Coordenador Pedagógico e o espaço da mudança.* São Paulo: Loyola, ⁸2010.

_____. O Coordenador Pedagógico e as relações interpessoais no ambiente escolar: entre acertos e desacertos. In: PLACCO, V. M. N. S; ALMEIDA, L. R. (Orgs.). *O Coordenador Pedagógico e a legitimidade de sua atuação.* São Paulo: Loyola, 2017.

BARDIN, L. *Análise de conteúdo.* Lisboa: Edições 70, 2011.

BONAFÉ, E. M. *O Coordenador Pedagógico como formador de professores em grupos heterogêneos na escola:* as ações de formação e suas implicações. Trabalho final (Mestrado Profissional em Educação: Formação de Formadores). São Paulo: Pontifícia Universidade Católica de São Paulo, 2015.

CUNHA, M. I. *O bom professor e sua prática.* Campinas: Papirus, 1989.

GARCÍA, C. M. *Formação de professores: para uma mudança educativa.* Portugal: Porto, 1999.

IMBERNÓN, F. *Formação permanente do professorado: novas tendências.* São Paulo: Cortez, 2009.

LISPECTOR, C. *A hora da estrela.* Rio de Janeiro: Rocco, 2016.

NÓVOA, A. Firmar a posição como professor, afirmar a profissão docente. *Cadernos de Pesquisa*, v. 47, n. 166 (2017) 1.106-1.133.

PLACCO, V. M. S.; ALMEIDA, L. R.; SOUZA, V. L. T. O Coordenador Pedagógico (CP) e a formação continuada: intenções, tensões e contradições. *Estudos & Pesquisas Educacionais*, São Paulo, Fundação Victor Civita/ Fundação Carlos Chagas, v. 1, nº 02 (2011).

SHAKESPEARE, W. *Hamlet.* Tradução de Millôr Fernandes. Porto Alegre: L&PM Pocket, 1997.

SILVA, V. G.; ALMEIDA, P. C. A. (Coords.). *Ação docente e profissionalização: referentes e critérios para formação.* São Paulo: FCC/SEP, 2015. Disponível em: <publicacoes.fcc.org.br/ojs/index.php/textosfcc/issue/download/306/74>. Acesso em: 25 abr. 2018.

TARDIF, M. Saberes profissionais dos professores e conhecimentos universitários: elementos para uma epistemologia da prática profissional dos professores e suas consequências em relação à formação para o magistério. *Revista Brasileira de Educação*, n. 13 (2000).

A especificidade da atuação do Coordenador Pedagógico e a formação: narrativas de experiências

Ecleide Cunico Furlanetto[1]
ecleide@terra.com.br
Beatris Possato[2]
biapossato@hotmail.com

> *E pensar não é somente "raciocinar" ou "calcular" ou "argumentar", como nos tem sido ensinado algumas vezes, mas é sobretudo dar sentido ao que somos e ao que nos acontece. E isto, o sentido ou o sem-sentido, é algo que tem a ver com as palavras. E, portanto, também tem a ver com as palavras o modo como nos colocamos diante de nós mesmos, diante dos outros e diante do mundo em que vivemos. E o modo como agimos em relação a tudo isso.*
>
> (Larrosa, 2002, 21)

---

1. Graduada em Pedagogia, Mestre em Psicologia da Educação e Doutora em Educação e Currículo pela PUC-SP, e Pós-Doutora em Educação pela Universidade de Barcelona. Atualmente, é professora do Programa de Pós-Graduação em Educação da Universidade Cidade de São Paulo (Unicid).

2. Graduada em Pedagogia pela Universidade Estadual Paulista Júlio de Mesquita Filho, Mestre e Doutora em Educação pela Universidade Estadual de Campinas. Pós-Doutora em Educação pela Universidade da Cidade de São Paulo (Unicid). Atualmente, atua como docente no Instituto Federal Sudeste de Minas, *Campus* Santos Dumont.

Para estabelecer um diálogo

Quando iniciamos a escrita deste texto e refletíamos a respeito das especificidades da profissão do Coordenador Pedagógico, entramos em contato com uma jovem coordenadora que, angustiada por assumir essa nova função na escola, narrou-nos sua história. Contou que ocupara recentemente o cargo de Coordenadora Pedagógica em um município do interior do Estado de São Paulo, em substituição a uma profissional muito eloquente, bastante persuasiva e que possuía saberes "enciclopédicos", pois já cursava o doutorado em Educação. Segundo ela, era uma pessoa com "muito pulso", que conseguia convencer os professores a aceitarem o que ela desejava. De acordo com a jovem, a antiga coordenadora "dava aulas" sobre diversos autores no HTC[3], o que a deixava impressionada. A angústia da iniciante se amparava na ideia de que não poderia substituir essa profissional com o mesmo nível de desenvoltura para expor os conhecimentos.

Perguntamos como se dava a participação dos professores nesses espaços. A jovem nos respondeu que dificilmente alguém se pronunciava, pois, após um dia exaustivo de trabalho, poucos conseguiam participar. Indagamos se isso não lhe parecia estranho. Ofuscada pelo saber e poder que ela atribuía a sua antecessora, parecia não se autorizar a pensar sobre essa situação. O que significava o silêncio dos professores nos espaços de formação? Era uma pergunta que potencialmente poderia criar um espaço de reflexão. Consideramos importante, ao invés de dar uma resposta para essa coordenadora, instigá-la a pensar, para que ela pudesse construir a própria resposta e dela pudesse usufruir na sua atuação como coordenadora.

Esse depoimento nos indicou um caminho a ser seguido na escrita deste texto, mobilizando-nos a compartilhar com ela e com outros coordenadores algumas de nossas experiências e reflexões recentes sobre a atuação dos Coordenadores Pedagógicos, no que se refere à formação de professores, pois a consideramos

---

3. Hora de Trabalho Coletivo: eram duas horas-aula de trabalho coletivo semanais em que os professores se reuniam nas dependências da escola.

uma das dimensões mais desafiantes da atuação do Coordenador Pedagógico nas instituições de ensino. Propomo-nos a abordar essa temática, incluindo nos processos de formação as narrativas docentes, em busca de compreender, parafraseando Larrosa (2002), as palavras escolhidas pelos professores para dar sentido ao que lhes acontece e para se colocarem diante deles, dos outros e do mundo em que vivem.

Para isso, propomos uma reflexão que considere dar voz e vez aos professores nos espaços de formação docente para que, cada vez mais, eles se impliquem e se insiram em sua profissão. Para Paulo Freire (1969), o ponto de partida da educação – e, acrescentamos, da formação – deve estar no próprio homem, em suas relações com o mundo, com os outros e consigo mesmo. Cabe ao professor se implicar com sua profissão, porém é necessário que ele o faça de maneira crítica. Concordamos com Freire (1969) quando diz que o sujeito "Quanto mais inserido, e não puramente adaptado à realidade concreta, mais se tornará sujeito das modificações, mais se afirmará como um ser de opções" (127).

Experiências e narrativas

Diversos acontecimentos permeiam nossa vida cotidianamente, sem que se tornem experiências e, para que isso ocorra, é necessário pensar e nomear o que nos acontece, o que pode ser feito por meio de narrativas. No entanto, segundo Benjamin (1987), desde a Modernidade, enfrentamos um processo de esvaziamento de experiências que tem ocorrido devido ao desejo de esquecimento e ruptura com nosso passado. A Modernidade, impactada pelas guerras mundiais e suas consequências, bem como pela Revolução Industrial, deslocou contingentes da população das pequenas comunidades, instalando-os em centros urbanos, interrompendo dessa forma os canais intergeracionais, por meio dos quais as experiências eram narradas e contribuíam para a preservação das culturas locais. Isso obrigou a começar do zero, "a começar de novo, a contentar-se com pouco, a construir com pouco, sem olhar nem para a direita, nem para a esquerda" (BENJAMIN, 1987, 116). Assim, sabiamente, o autor nos pergunta: "Qual é o valor de todo nosso patrimônio cultural, se a experiência não mais o vincula a nós?" (BENJAMIN, 1987, 115). Larrosa (2002) complementa, afirmando que nas sociedades contemporâneas essa lógica de desconsideração da experiência persiste, afetando inclusive os aparatos educacionais, os quais passaram a se organizar de forma a tornar a experiência cada vez mais rara. Ao largo da travessia educacional, os alunos estão submetidos a um dispositivo que consiste em serem informados e a opinarem sobre as informações adquiridas, o que torna os sujeitos competentes para dar as respostas às perguntas dos professores, de maneira cada vez mais rápida, pois, nas sociedades pós-industriais, não se tem tempo a perder, e isso passa a ocorrer, também, nos processos de formação de professores:

> Esse sujeito da formação permanente e acelerada, da constante atualização, da reciclagem sem fim, é um sujeito que usa o tempo como um valor ou como uma mercadoria, um sujeito que não pode perder tempo, que tem sempre de aproveitar o tempo, que não pode protelar qualquer coisa, que tem de seguir o passo veloz do que se passa, que não pode ficar para trás, por isso mesmo, por essa obsessão por seguir o curso acelerado do tempo, este sujeito já não tem tempo (LARROSA, 2002, 23).

Narrar exige tempo, exige um tempo objetivo, mas, principalmente, subjetivo, pois, além de requerer um olhar para fora, solicita uma mirada para dentro de si mesmo em busca do que o outro (acontecimentos, encontros e desencontros) provocou em mim.

A partir de 1980, acentua-se um interesse pelas narrativas nas ciências humanas, na medida em que elas passam a se constituir um parâmetro linguístico, psicológico, cultural e filosófico potente para compreender a natureza e as condições da existência humana e a criação de significados para elas: "é sobretudo através da narrativa que compreendemos os textos e contextos mais amplos, diferenciados e mais complexos de nossa experiência" (BROCKMEIER; HARRÉ, 2003, 526). Esse interesse pelas narrativas coincide com um momento histórico em que a lógica que traçou os contornos da modernidade cede espaço para uma outra lógica à qual, talvez, por não termos ainda condições de nomeá-la a partir das próprias características, a chamemos de Pós-Modernidade. Enquanto o homem moderno contou com instituições mais estáveis, como a família, escola, igrejas e corporações – as quais lhe forneciam modelos de como se situar socialmente, nas sociedades ditas Pós-Modernas, atropeladas pelas mudanças constantes –, não é mais possível contar com as referências fornecidas pelas sociedades anteriores. O indivíduo adaptado às normas de sua cultura, de sua classe social e identificado com modelos sociais disponíveis está sendo substituído pelo indivíduo-trajetória (BOUTINET, 1999), sempre a caminho, pressionado a se construir e reconstruir por conta própria.

No dizer de Brayner (2005, 69), referindo-se a essa mudança de perspectiva:

> Se ontem tínhamos necessidade de libertar os homens das ilusões e das sombras, da ideologia e da "consciência ingênua", hoje é necessário livrá-lo da "sociedade administrada". E como fazê-lo? Curiosamente, não mais pela filosofia ou por uma ação política "transformadora", mas por uma ação sobre si mesmo.

Essa ação sobre si mesmo, ao nosso ver, pode se efetivar mediante a narrativa autobiográfica. Ricoeur (2011) afirma que a existência do indivíduo não pode ser afastada da maneira pela qual ele se narra. Por meio de suas histórias, ele constrói sua subjetividade, e não importa se essas histórias são falsas ou verdadeiras, o que importa é que elas são responsáveis pelos processos de constituição identitária.

Narrativas e formações

Para refletir sobre a formação, é necessário considerar a existência de diferentes concepções de formação, as quais, para Ferry (2004), situam-se entre dois polos extremos. O primeiro pode ser acessado mediante a imagem de Pigmaleão, um personagem da mitologia grega, que esculpiu uma estátua de mulher de acordo com o seu ideal feminino e, ao finalizá-la, apaixonou-se por sua obra.

Segundo o autor, essa fantasia está presente em todo o formador que procura, por meio da sua atuação, produzir um professor ideal com base na sua concepção do que é ser um bom professor. No entanto, cumpre considerar que, para isso, é necessário que exista uma matéria passiva e dócil que se permita ser modelada. O que não ocorre, ao se tratar de indivíduos capazes de fazer escolhas e atribuir sentidos para o que vivem.

No outro extremo se encontra uma concepção de formação representada por outro personagem mítico: Fênix, pássaro que, quando morre, entra em autocombustão e, passado algum tempo, renasce das próprias cinzas. Nessa perspectiva, considera-se que os indivíduos se formam a partir de si mesmos. Contudo, na perspectiva do autor, nenhuma dessas concepções corresponde à realidade. Ninguém forma o outro, os indivíduos se formam, mas, para que isso ocorra, é necessário que haja algum tipo de mediação. As mediações são diversas e os formadores são mediadores, como também podem ser mediadores as leituras, os acontecimentos, os relacionamentos, desde que se transformem em experiências significativas.

Muitos formadores, entre eles os coordenadores, ao se verem ante a difícil e complexa tarefa de coordenar projetos de formação, com o intuito de colaborar para a estruturação das práticas pedagógicas, configuram os espaços formativos com base na transmissão do que chamamos de "narrativas pedagógicas". Para esclarecer o que pretendemos dizer, é necessário considerar que existem muitas espécies de narrativas; dentre elas, podemos localizar contos, fábulas, mitos, memoriais, ensaios, e assim por diante (BROCKMEIER; HARRÉ, 2003). A nosso ver, dentre essas diversas modalidades, podemos incluir as narrativas pedagógicas, que articulam conhecimentos constituídos e objetivados, a respeito da Educação e de suas múltiplas dimensões.

Essa perspectiva transmissiva, contudo, não considera as subjetividades e as experiências dos professores. Para pensarmos a formação de professores, é necessário considerar a complexidade e os desafios enfrentados por esses profissionais cotidianamente nos espaços escolares. Frequentemente, é possível perceber que os modelos científicos, os modismos pedagógicos, as apostilas padronizadas e os programas ditados pelos poderes públicos não respondem aos anseios e incertezas desses profissionais, que resistem diante deles, procurando preservar suas formas de se exercer como docentes.

Experiências compartilhadas

Apoiadas em Benjamin, vimos que não é necessário começar do zero; é possível, por meio de experiências compartilhadas, tecer redes que deem sustentação a novas práticas. Vasculhando nossas experiências, recuperamos uma delas que nos disponibilizamos a narrar. Ao contá-la, acreditamos ser possível compartilhar um capital pedagógico construído no chão da escola, de maneira que outros possam dele usufruir ao construir as próprias experiências.

Em 2007, uma de nós trabalhava como coordenadora[4] em uma escola de Ensino Fundamental e Educação Infantil, situada em um bairro periférico relativamente tranquilo, na cidade de Rio Claro, em São Paulo. Essa escola era, inicialmente, de Educação Infantil e, paulatinamente, com a expansão da rede de ensino municipal, foi recebendo salas de aulas e professores de Ensino Fundamental. A escola possuía parque infantil, tanque de areia e um lindo jardim situado em sua entrada. Mesmo os alunos do Ensino Fundamental tinham um horário destinado a ir ao parque, o que demonstrava que a equipe gestora apostava no direito de brincar da criança.

Cumpre salientar que, antes de assumir o cargo de coordenadora, tinha sido professora nessa mesma escola durante alguns anos. Como professora, pautada em sua experiência, enriquecida no diálogo com parceiros teóricos, tinha clareza de que as crianças ressignificam, reelaboram e se apropriam da cultura, na qual estão inseridas, por meio da brincadeira. Observava que as crianças, ao brincarem, vivenciavam cenas cotidianas, criando e recriando espaços, permitindo que suas ideias e emoções aflorassem e, ao fazerem isso, atribuíam sentidos para suas experiências. Concordava com

---

4. Esta experiência será apresentada em terceira pessoa, por se tratar de um artigo escrito a quatro mãos.

Georg e Fischer (2006), ao dizerem que a criança necessita brincar para se desenvolver; brincar é tão importante para uma criança como se alimentar.

Na época em que era professora, o lúdico se entranhava no seu fazer pedagógico. Felizmente, tinha autonomia e liberdade para trabalhar com a pedagogia de projetos em sala de aula, pautada em Dewey (1959) e Kilpatrick (1978), representantes da Pedagogia Ativa. Essa maneira de aprender pretendia ser interessante e significativa para os alunos. Sem ser uma imposição autoritária, o plano de trabalho elaborado para o projeto buscava ser agradável e as diferentes disciplinas davam sustentação ao trabalho de aprofundamento das temáticas selecionadas. A dimensão lúdica e a arte não eram deixadas de lado e se inseriam nas diversas atividades realizadas. Assim, a música, a dança, o teatro, as artes plásticas, entre outras expressões artísticas, faziam-se presentes no cotidiano da sala de aula. Além disso, a pedagogia de projetos propunha acatar o ritmo individual de cada aluno. A tentativa era de respeitar o tempo de cada um, suas necessidades e suas individualidades.

Amparada na ideia de que a Educação deveria ser libertadora, como propõe Paulo Freire (1992), sabia que o ser humano não se limita a sua dimensão cognitiva. Destarte, a intenção era, em uma visão humanista crítica, não negligenciar, na prática pedagógica, os sentimentos, os desejos, as crenças, as tradições, a cultura, a espiritualidade, entre outras facetas que compõem o ser humano. Ainda dentro da proposta de uma Educação Libertadora, a tentativa era de proporcionar uma convivência democrática e, por meio de assembleias, permitir que os alunos, desde cedo, fossem compreendendo seu lugar no mundo e pudessem se posicionar criticamente.

Para Freire (1969), a educação deve considerar "o homem como um ser no mundo com o mundo", compreendendo-o e atuando sobre ele criticamente (124). Para isso, a proposta era de um diálogo horizontal, visto que a intenção era diminuir a verticalidade da hierarquia professor-aluno e promover a comunicação, a troca de saberes e pensamentos entre indivíduos. Com o trabalho desenvolvido, foi sendo possível despertar o senso crítico dos alunos com relação aos conteúdos trabalhados, ao posicionamento de suas famílias, da sociedade e até ao seu posicionamento em sala de aula. Algumas vezes, os alunos a questionavam e ela tinha que repensar alguns procedimentos ou explicar melhor os objetivos de cada atividade.

Igualmente, por meio de explicações fundamentadas, foi tendo a adesão da maioria das famílias, que compreenderam a metodologia de trabalho. O bairro abrigava famílias carentes, pais analfabetos, alunos sem a família nuclear, vivendo com avós, tios, mas em nenhum momento essa realidade impediu que esse trabalho fosse realizado, visto que a escola zelava por atrair as famílias para as atividades que nela eram realizadas de uma maneira participativa e colaborativa.

O trabalho desenvolvido por ela foi valorizado por seus colegas, mas também despertou críticas, pois se escutavam comentários, tais como: "Você não irá receber mais por trabalhar tanto!"; "Eu prefiro me basear no tradicional, a me arriscar com algo que não sei onde irá acabar". Mesmo assim, ao se candidatar a Coordenadora Pedagógica, por meio dos votos das colegas, foi eleita com unanimidade.

Nessa época, em 2007, vivia-se com muita ênfase a implantação do Ensino Fundamental de nove anos. Essa política pública impactava a escola suscitando vários debates a respeito de suas consequências. Os professores, ao mesmo tempo que possuíam certa clareza do perigo que representava introduzir as crianças mais cedo no Ensino Fundamental, pois isso poderia encurtar ainda mais o tempo da infância, viam-se pressionados pelas avaliações externas a atingir melhores resultados, mesmo que para isso fosse necessário desconsiderar as singularidades das crianças.

Era sabido que a criança, ao iniciar primeiro ano, era levada a fazer uma ruptura brusca com os fundamentos da Educação Infantil, sobretudo no que se refere à dimensão lúdica. Nas escolas infantis, as crianças têm tempo para brincar, enquanto no Ensino Fundamental o foco passa a ser o estudo. Convém lembrar que o Ensino Fundamental tem assumido, como uma de suas tarefas mais importantes, transformar a criança em aluno e essa metamorfose implica alguns sacrifícios por parte dos estudantes, sacrifícios esses que nem sempre são aceitos ou compreendidos por eles. Alguns parecem ter mais clareza que portas são abertas por meio da leitura e escrita, e, por meio delas, um mundo novo e fascinante se descortina. Esses, de certa forma, conformam-se com algumas perdas, enquanto outros demonstram se sentirem forçados a fazer essa passagem, sem bem compreender o que estão vivendo.

Existe uma dicotomia entre brincar e aprender na escola (FURLANETTO, 2016). As brincadeiras, o faz de conta, as interações espontâneas entre pares, os movimentos são vistos como fatores que comprometem a aprendizagem e, portanto, necessitam ser contidos. As crianças se ressentem disso, o que fica claro ao serem questionadas sobre os espaços que mais apreciam na escola. Elas se referem à quadra, à aula de Educação Física, à sala de informática, ao recreio, mas esquecem da sala de aula, lugar onde permanecem mais tempo na escola.

Na ocasião, como coordenadora, questionava se essa passagem deveria ser tão brusca. Teóricos como Vygotsky (2007) reforçavam suas dúvidas ao mostrar que, nas brincadeiras, nos momentos de interação com outras crianças, é que se torna possível investigar o desconhecido, reconhecer as emoções, os sentimentos. Alves (2009) e Barros (2009), por meio de suas pesquisas, atestavam que uma escolarização precoce vinha diminuindo o brincar da rotina das escolas. Os autores informaram que as crianças não estavam sendo respeitadas em seu direito, em suas necessidades específicas, e estavam sendo homogeneizadas por uma educação escolarizada vinculada ao ensino-aprendizagem de determinados conteúdos escolares, muitas vezes orientada por materiais apostilados.

A importância da ludicidade passava a ser igualmente desconsiderada por alguns professores da escola, sobretudo com os alunos que ingressavam aos seis anos de idade, no primeiro ano do Ensino Fundamental. A ludicidade era tratada somente como recreação e deixada para segundo plano por professores de Ensino Fundamental, que estavam preocupados em alfabetizar rapidamente seus alunos, para responderem positivamente às avaliações externas.

Algumas perguntas emergiam nos encontros com os professores: Como respeitar o direito dos alunos de brincar, se eles precisam ter um bom desempenho nas avaliações externas? Como levar em conta todo o conteúdo imposto pela série/ano, tendo alunos, aparentemente, sem a maturidade necessária para assimilá-los? Como nos lembra Freire (1969, 125),

> a possibilidade de admirar o mundo implica estar não apenas nele, mas com ele; é atuar de acordo com suas finalidades a fim de transformá-lo. Não é simplesmente responder a estímulos, porém algo mais: é responder a desafios. As respostas do homem aos desafios do mundo, através das quais vai modificando esse mundo, impregnando-o com seu "espírito" mais do que um puro fazer, são quefazeres que contêm inseparavelmente ação e reflexão.

No entanto, cabe salientar que dificilmente ler a realidade e buscar responder aos seus desafios, buscar transformá-la, apresentam-se como uma tarefa fácil. Naquela época, ela pôde perceber que apenas as "narrativas pedagógicas", que davam sustentação à proposta de um ensino pautado no lúdico e de como deveriam ser os primeiros anos escolares, não eram suficientes para embasar as reflexões sobre o desafio enfrentado pela escola.

O seu passado como professora na escola não lhe permitia, como Coordenadora Pedagógica, impor algumas crenças e valores que possuía. Acreditava que o trabalho de formação a ser realizado com os professores teria que ocorrer na mesma perspectiva democrática e participativa que tinha adotado em sala de aula. Era necessário manter a coerência; afinal ela tinha sido escolhida coordenadora, mediante sua atuação em sala de aula.

Para caminhar nessa direção, tentou se amparar nas "narrativas de experiência" dos professores, na tentativa de promover reflexões sobre as problemáticas que enfrentavam. Nesse aspecto, ter os professores de Educação Infantil na escola foi de grande valia para pôr em prática esse tipo de formação. Esses profissionais possuíam experiências bem menos engessadas, tinham claro que lidavam com crianças e, para elas, o aprender estava intimamente relacionado ao brincar.

Ao ler semanalmente os diários de classe, sobretudo dos professores da Educação Infantil, chamados de "diários de bordo", pois traziam, além da projeção do que seria feito na semana posterior, o relato sobre a semana anterior, foi percebendo a riqueza das experiências docentes descritas por meio das narrativas. Estas traziam não apenas os conteúdos abordados, mas relatavam, igualmente, as reações dos alunos diante das atividades desenvolvidas em classe, os sentimentos dos professores perante semana de trabalho, as reflexões sobre o que havia dado certo e o que poderia ser melhorado, descreviam as possibilidades e limitações da própria escola, entre outros aspectos.

Compreendeu, por meio das leituras das narrativas, o potencial desse dispositivo de formação, pois, além de propiciar um diálogo horizontal, não hierarquizado, como propõe Freire, possibilitava aos professores, ao ouvir suas histórias e de outros colegas, o reconhecimento de seus anseios, dúvidas, angústias e desejos. Por meio desse exercício de contar e recontar, foi sendo possível abordar o tema que estava provocando a todos: a implantação do Ensino Fundamental de nove anos e os desafios impostos por essa política pública.

Como metodologia de trabalho, optou-se, primeiramente, por selecionar os aspectos mais interessantes nesses diários e solicitar que os professores, da Educação Infantil ou do Ensino Fundamental, narrassem suas experiências para os demais em HTC. Muitos traziam os trabalhos de seus alunos, fotos das atividades e tudo o que fosse possível, para melhor expressar a narrativa de sua experiência. Em cada HTC, um professor se apresentava e a coordenadora selecionava um texto (científico ou literário, uma poesia, um conto ou mesmo a escrita de um aluno) para fazer o fechamento da atividade. Com o passar do tempo, esses procedimentos foram sendo alterados, de forma a não se tornarem rotina. Os relatos de experiências, antes selecionados pela coordenadora, passaram a ser escolhidos por cada professor. Efetivou-se uma parceria, entre a coordenadora e o professor que iria apresentar sua narrativa, na intenção de organizar uma dinâmica inicial e um trabalho em grupo final, com o intuito de estimular a participação dos demais professores na atividade.

Esse trabalho apresentou inúmeros vieses. Algumas vezes, as narrativas dos professores se estendiam por mais de um encontro, as discussões traziam outras narrativas, as histórias se cruzavam, exigiam leituras, suscitavam filmes, recordavam músicas. No decorrer do trabalho, foi-se compreendendo que é necessário respeitar o tempo subjetivo da narrativa e, para isso, era necessário abandonar cronogramas inflexíveis de trabalho. Mesmo porque, já não era mais o trabalho de uma coordenadora, mas o trabalho conjunto de um grupo de professores. Com ele, o espaço de HTC foi se tornando menos cansativo, mais participativo e verdadeiro, criou-se um círculo virtuoso que passou a estimular os processos formativos. Isso não quer dizer que conflitos, pontos de vista diferentes não permearam os processos, mas eles, em vez de paralisar o grupo, colocavam-no em movimento, em busca de respostas e soluções para os desafios enfrentados.

Viver esse processo formativo passou a ser uma experiência. Para Larrosa (2002, 21), "a experiência é o que nos passa, o que nos acontece, o que nos toca. Não o que se passa, não o que acontece, ou o que toca". A informação não produz experiência. Na verdade, para o autor, na sociedade atual, a informação produz uma "antiexperiência". Naquela época, foi possível intuir que as formações de professores devem sensibilizar, devem tocar e estimular os indivíduos a se apropriarem de suas experiências. A mera transmissão de narrativas pedagógicas não desloca os sujeitos de suas práticas.

Hoje, a coordenadora ainda se lembra de cenas que a tocaram: uma professora que assumia, diante de seus alunos, uma postura dita tradicional solicitou sua ajuda para planejar uma atividade de um jeito diferente. Ela relatou que havia se sensibilizado com a experiência narrada por uma colega e que gostaria de tentar algo semelhante em sua sala de aula: "Você acha que dará certo? Eles vão se comportar? Você me ajuda?". E durante a atividade foi possível ver a professora rindo junto aos seus alunos, em uma aproximação que não havia ocorrido anteriormente. Foi uma imagem linda de se ver: ao fazer alterações na forma de conduzir seu trabalho, o clima em sala de aula começou a ser modificado pela inserção do diálogo, da amorosidade, do afeto e do respeito. Para Freire (2002), o diálogo, base da prática pedagógica, deve ser compreendido com um encontro amoroso entre professor e aluno, os quais, mediatizados pelo mundo, buscam compreendê-lo e humanizá-lo. A partir do diálogo, a professora permitiu uma maior participação das crianças na configuração das atividades desenvolvidas em sala de aula.

Por meio das experiências narradas pelos professores, pouco a pouco, as rotinas das salas de aula de Ensino Fundamental foram se flexibilizando, permitindo que alguns pilares que sustentam a infância – tais como a brincadeira, o mundo do faz de conta, a interatividade (SARMENTO, 2005) – também dessem sustentação às práticas pedagógicas, considerando as maneiras de estar no mundo e de aprender de alunos tão pequeninos cujos pés, ao se sentar nas carteiras no primeiro ano, mal tocavam o chão.

Considerações provisórias

Para finalizar este texto, retomamos o que nos provocou a escrevê-lo: refletir sobre a especificidade da profissão de Coordenador Pedagógico e sua relação com a formação docente. Fizemos essa opção, por considerar que os Coordenadores Pedagógicos costumam considerar a formação uma de suas mais importantes atribuições na escola. Contudo, optamos por explorar não qualquer formação, mas aquela que dá voz e vez aos professores.

Apostamos na importância de incluir as narrativas de experiências nos espaços de formação. Ao longo do texto, por meio de reflexões teóricas e da narrativa de uma experiência, exploramos as potencialidades que tem esse dispositivo de formação. Foi possível observar que os professores, ao serem estimulados a narrar, nos tempos dedicados à formação, lançaram um olhar para suas experiências e para as de seus colegas e, mediante esse compartilhamento de narrativas, reviram e fertilizaram suas práticas.

Tal como o aluno, o professor não pode ser considerado uma *tábula rasa*, em que é possível escrever qualquer texto, depositar conhecimentos ou transferir conteúdos. Os professores, durante suas trajetórias, constroem matrizes pedagógicas (FURLANETTO, 2007) que não são apagadas pelas práticas de formação. Para que elas possam ser acessadas nos espaços formativos, faz-se necessário que se transformem em palavras vivas e isso se torna possível ao serem narradas. Ao narrar, o professor não apenas descreve os acontecimentos, mas atribui sentidos a eles. Compartilhando, dessa forma, esperanças, desejos, anseios, angústias, e nessa perspectiva, as narrativas se tornam dispositivos de (trans)formação.

Para Paulo Freire "a vida é para ser vivida, e em abundância. A vida é para ser dita; e no dizê-la, compreendê-la; e no compreendê-la, poder transformá-la em mais-vida, desenvolvê-la e expandi-la em suas infinitas possibilidades" (CASALI, 2008, 28).

Olhando para o campo da formação, vemos que ainda temos muito a avançar e a escuta atenta dos professores nos fornece pistas valiosas. Como indica Ferry (2004), a formação docente requer mediações que provoquem, instiguem movimentos em busca de maneiras mais adequadas de se situar como docente no cotidiano das escolas.

Referências

ALVES, F. D. O Lúdico e a educação escolarizada da criança. In: OLIVEIRA, M. L. (Org.). *(Im)pertinências da educação: o trabalho educativo em pesquisa* [on-line]. São Paulo: Editora Unesp/São Paulo: Cultura Acadêmica, 2009.

BARROS, F. C. O. M. *Cadê o brincar? Da educação infantil para o ensino fundamental* [on-line]. São Paulo: Editora Unesp/São Paulo: Cultura Acadêmica, 2009.

BENJAMIN, Walter. Experiência e pobreza. In: BENJAMIN, Walter. *Obras escolhidas: Magia e técnica, arte e política*. São Paulo: Brasiliense, 1987.

BOUTINET, Jean Pierre. *A imaturidade da vida adulta*. Tradução Dina Osman. Porto, Portugal: Rés-Editora Ltda,1999.

BRAYNER, Flávio Henrique Albert. Como salvar a educação (e o sujeito) pela literatura: sobre Philippe Meirieu e Jorge Larrosa. *Rev. Bras. Educ.*, Rio de Janeiro, n. 29 (2005) 63-72.

BROCKMEIER, Jens; HARRÉ, Rom. Narrativa: Problemas e Promessas de um Paradigma Alternativo. *Psicologia: Reflexão e Crítica*, 2003, 16(3) 525-535.

CASALI, Alípio. O legado de Paulo Freire para a pesquisa (auto)biográfica. In: PASSEGGI, M. da C.; BARBOSA, T. M. N. (Orgs.). *Narrativas de formação e saberes biográficos*. Natal: EDUFRN/São Paulo: Paulus, 2008, 25-44.

DEWEY, John. *Democracia e educação*. Tradução de Godofredo Rangel e Anísio Teixeira. São Paulo: Nacional, ³1959.

FERRY, Gilles. *Pedagogia de la formación*. Buenos Aires: Centro de Publicaciones Educativas y Material Didáctico, 2004.

FREIRE, Paulo. O Papel da Educação na Humanização. *Revista Paz e Terra*, Ano IV, n° 9 (1969) 123-132.

_____. *Pedagogia da Esperança*. Rio de Janeiro: Paz e Terra, 1992.

_____. *Extensão ou comunicação?* Rio de Janeiro: Paz e Terra, ¹²2002.

FURLANETTO, Ecleide Cunico. *Como nasce um professor: uma relação sobre o processo de individualização e formação*. São Paulo: Paulus, 2007.

_____. As crianças narram e mostram como percebem a atuação dos professores nas escolas de infância. In: PASSEGGI, M. da C.; FURLANETTO, E. C.; PALMA, R. C. D. (Orgs.). *Pesquisa (auto)biográfica, infâncias, escola e diálogos intergeracionais*. Curitiba: CRV, 2016.

GEORG, E. J.; FISCHER, J. Jogar e Brincar: Uma forma de aprender na pré-escola. *Revista de divulgação técnico-científica do ICPG*, v. 2, n. 8 (2006) 57-60.

KILPATRICK, William Heard. *Educação para uma civilização em mudança*. Tradução de Noemy Rudolfer. São Paulo: Melhoramentos, ¹⁶1978.

LARROSA, Jorge. Notas sobre a experiência e o saber de experiência. *Rev. Bras. Educ.*, Rio de Janeiro, n. 19 (2002) 20-28.

RICOUER, Paul. *Tempo e narrativa: o tempo narrado*. Martins Fontes: São Paulo, 2011, v. 3.

SARMENTO, Manuel Jacinto. Gerações e Alteridade: interrogações a partir da sociologia da infância. *Revista Educação e Sociedade*, Campinas, v. 26, n. 91 (2005) 361-378.

VYGOTSKY, L. S. *A formação social da mente: o desenvolvimento dos processos psicológicos superiores*. São Paulo: Martins Fontes, 2007.

Diálogo entre Coordenadores Pedagógicos: contribuições do Ginásio Vocacional para a escola de hoje

Moacyr da Silva[1]
rmoasilva@yahoo.com.br

> Os Ginásios Vocacionais são dos movimentos mais belos do Brasil. Ali se formou uma atitude de admirável sensibilidade em relação ao mundo em que vivemos, uma capacidade de construir as noções que me parecem as mais capazes de desenvolver no jovem tanto a iniciativa pessoal, quanto o espírito de grupo – os dois grandes pressupostos, aparentemente inconciliáveis de toda educação que, em nossos dias, queira possuir um timbre humano[2].
>
> (Antonio Cândido de Mello e Souza)

Vivemos, neste início de século XXI, em um mundo de extrema complexidade, que se reflete nas relações políticas, econômicas, sociais, ideológicas, religiosas e de comunicação. Nesse cenário globalizado, nosso imenso país não está imune e vive um verdadeiro

---

1. Professor doutor em Educação: Psicologia da Educação, pela PUC-SP. Coordenador de cursos de pós-graduação *lato sensu* do Centro de Pós-Graduação das Faculdades Oswaldo Cruz – SP.
2. TAMBERLINI, A. R. N. de B., *Os Ginásios Vocacionais: a dimensão política de um projeto pedagógico transformador*, São Paulo: Annablume/Fapesp, 2001, 145.

mal-estar social: atos de violência contra pessoas que defendem os direitos humanos, imigrantes, refugiados, atitudes preconceituosas de gênero, etnia, raça, cor, agressões de toda ordem contra as chamadas minorias e a descrença em relação às instituições políticas e jurídicas.

Nesse contexto, a escola ganha ainda mais importância, como espaço de convivência democrática, de debate respeitoso das ideias e de formação das novas gerações. No entanto, como os educadores que nela atuam podem desenvolver seu trabalho, de modo que essa instituição cumpra de fato seu papel?

Estamos convencidos de que isso só é possível se houver um trabalho de equipe, norteado por princípios filosóficos e pedagógicos coerentes com uma sociedade democrática e uma formação sólida dos profissionais que nela atuam. Na escola, o trabalho de cada um é fundamental, desde aqueles que são responsáveis pelas tarefas operacionais até os que se responsabilizam pela gestão.

Nesse texto, procuramos dialogar com um dos elos dessa corrente: o Coordenador Pedagógico. Queremos refletir com os Coordenadores Pedagógicos que atuam nas instituições escolares atuais sobre a importância de seu trabalho e os possíveis caminhos que eles podem trilhar, apoiando-se em experiências que, embora tenham sido desenvolvidas em outra época, com outras condições, podem ser uma importante contribuição para aqueles que buscam uma educação de qualidade.

Tomando como referência o sistema escolar do estado de São Paulo, sabemos que, por várias décadas, a gestão das escolas esteve centrada na figura do diretor, que deveria se responsabilizar tanto pelas questões administrativas quanto pelas pedagógicas. Na prática, porém, as demandas administrativas e burocráticas predominavam e as ações pedagógicas ficavam relegadas a um plano secundário. O diretor, no seu exercício cotidiano, precisava dar conta das inúmeras solicitações "burocráticas" advindas dos diversos órgãos superiores da hierarquia do sistema estadual de educação.

A partir da década de 1960, com a criação das escolas de renovação pedagógica – Ginásios Vocacionais, Colégio de Aplicação da USP e Ginásio Experimental Dr. Edmundo de Carvalho, da Lapa –, temos um novo modelo de gestão. Essas escolas contavam com uma equipe de direção constituída por orientadores educacionais e pedagógicos, que exerciam funções semelhantes às dos Coordenadores Pedagógicos ou professores-coordenadores que temos hoje nas escolas.

Que elementos pedagógicos dos Ginásios Vocacionais ainda são válidos? De que forma essa experiência se mantém viva e pode contribuir com o trabalho do Coordenador Pedagógico ou do professor coordenador que atua na escola hoje? Que diálogo é possível estabelecer entre a experiência do Vocacional e as inúmeras experiências em curso?

Neste capítulo, trago elementos significativos da experiência dos Ginásios Vocacionais[3] que vivenciei como Orientador Pedagógico no Ginásio Estadual Vocacional João XXIII, da cidade de Americana, no período de 1967 a início de 1971, relacionando-os com algumas ações que são esperadas da atuação do coordenador de hoje.

Elemento de fundamental importância para o exercício das funções do Coordenador Pedagógico ou do professor coordenador é a sua formação.

Para atuar nos Ginásios Vocacionais, os orientadores pedagógicos e educacionais eram formados em cursos de Pedagogia, passavam por uma entrevista e faziam um estágio oferecido pelo Serviço de Ensino Vocacional[4]. Nesse estágio formativo, os educadores selecionados apropriavam-se dos fundamentos filosóficos e pedagógicos que norteavam o trabalho dessas escolas e aprendiam a desenvolver ações fundamentais para a elaboração do projeto pedagógico.

Na década de 1960, o curso de Pedagogia possibilitava uma sólida formação. Como exemplo, destaco o curso oferecido pela Faculdade de Filosofia – Instituto Isolado da USP, de São José do Rio

---

3. Os Ginásios Vocacionais foram criados pela Lei n° 6.052/61. Para mais conhecimentos sobre os Ginásios Vocacionais, ver *Conversa com professores: do fundamental à pós-graduação*, de Newton Cesar Balzan (ver Referências).

4. O Serviço do Ensino Vocacional, vinculado ao Gabinete do Secretário da Educação, foi criado pelo Decreto n° 38.643/61 e coordenado pela ilustre Profa. Maria Nilde Mascellani.

Preto[5] –, onde me formei, com um currículo voltado para a formação sociopolítico-psico-filosófica do Pedagogo, com ênfase nas disciplinas de História e Filosofia da Educação, Sociologia Geral e Educacional, Psicologia do Desenvolvimento e Educacional, Estatística Aplicada à Educação, entre outras. Esse curso possibilitava que o aluno mergulhasse no estudo de autores como Jean-Jacques Rousseau, Jean Piaget, John Dewey, Emile Durkheim, Karl Mannheim, Sigmund Freud, Karl Marx, Jean Paul Sartre, Celestin Freinet, Jean-Ovide Decroly, Paulo Freire, entre muitos outros. Estudos que despertavam em nós o fascínio pelos exemplos de vida e as experiências realizadas por esses autores principalmente no campo educacional. Nesse curso, a abordagem dos conteúdos era interdisciplinar e havia colaboração entre os colegas de classe e entre professores e alunos. Os professores, como autênticos mediadores de leituras e pesquisas, iam contribuindo para o desenvolvimento da reflexão, do diálogo, da crítica e do compartilhamento de conhecimentos. Nesse contexto, íamos nos formando como cidadãos e profissionais engajados no processo de mudança social e da realidade educacional. Caminhávamos, assim, da "consciência ingênua" para a "consciência crítica"[6] e nos formávamos como profissionais reflexivos comprometidos com os projetos futuros de construção de uma escola reflexiva[7].

Sabemos que uma sólida formação inicial é crucial para o desempenho de uma profissão e temos consciência de que atualmente ela nem sempre é efetiva. O que fazer, então?

---

5. Nos finais dos anos de 1950 e início de 1960, a USP, por reivindicação de parte de seu corpo docente, aprovou a criação de algumas extensões que se chamaram "institutos isolados", nas cidades de São José do Rio Preto, Presidente Prudente, Araraquara, Campinas e Rio Claro, que posteriormente se tornaram autônomos e passaram a constituir a Unesp. Foram aprovadas pela Congregação com o compromisso dos professores de manter ou superar a "excelência" da qualidade dos cursos oferecidos.

6. Sobre os conceitos de consciência ingênua e consciência crítica, ver FREIRE, P., *Educação e mudança*, São Paulo, Paz e Terra, 1982, 40-41.

7. Sobre esse tema, ver SCHÖN, Donald (2000); ZEICHNER, Kenneth M. (1993); NÓVOA, Antônio (1995); e ALARCÃO, Isabel (2001) (Ver Referências).

É fundamental que cada profissional reflita sobre a própria formação e aproveite todos os espaços de formação continuada, seja na própria escola, por meio de leituras, estudos, debates com os colegas, seja por meio de cursos oferecidos fora do horário de trabalho. Assim, o professor coordenador pode assumir uma autoridade não autoritária, solidária, fundamentada no conhecimento, como bem expressa Arendt (1972), apud Patto (2017, 81).

> [...] os educadores e educadoras têm uma responsabilidade coletiva pelo mundo que, na educação, assume a forma de autoridade. Para isso <u>sua formação é indispensável</u>, pois é por meio delas que os professores propiciam o conhecimento do mundo atual: "isso é o mundo" e podem fazê-lo por diferentes métodos e técnicas de ensino, mas valendo-se sempre de sua imprescindível <u>autoridade</u> qualquer que seja a forma de ensinar, pois são eles os condutores do processo educacional (grifo nosso).

Além de aperfeiçoar a própria formação, o Coordenador Pedagógico, ou o professor coordenador, precisa incentivar a formação da equipe da escola, em especial dos professores. Nos Ginásios Vocacionais, os professores eram especialmente selecionados para integrar a equipe, o que possibilitava (embora não garantisse) certa afinidade de valores e experiências. Na escola pública atual, o Coordenador Pedagógico e o professor coordenador trabalham com uma equipe heterogênea, com diferentes formações, experiências e ideologias. É preciso, portanto, que esse profissional conheça bem a sua equipe, para que possa identificar as potencialidades e necessidades de formação de cada um e, junto com eles, promover ações que possibilitem o diálogo e a troca, tendo em vista um trabalho integrado e de melhor qualidade. Quem são esses professores? O que pensam sobre a educação escolar? Que experiências trazem? Que trabalhos já desenvolveram? No que acreditam? Quais são suas dúvidas, ansiedades, medos, desejos? Quais já estão afinados com o projeto pedagógico da escola? Quais precisam ser conquistados, convencidos? Como cada um pode contribuir com o coletivo?

Assim como ocorria nos Ginásios Vocacionais, cada escola pode se tornar um autêntico espaço de formação continuada, respeitando-se a individualidade de cada um e o envolvimento colaborativo de todos.

Essa formação, no entanto, precisa ser norteada por um projeto político-pedagógico e isso era muito claro no Ginásio Vocacional. Esse projeto precisa ser elaborado com a participação de todos que atuam na escola, e ser retomado a cada ano letivo, para que os novos integrantes o conheçam e também para que possa ser reformulado, caso necessário, em função de avaliações realizadas pela equipe escolar, com participação de alunos, pais e outros integrantes da comunidade.

O trabalho de formação dentro da escola desafia o Coordenador Pedagógico a pensar também como melhor utilizar a hora-atividade que integra a jornada dos professores para estudos, realização de conselhos de classe e de série e para acompanhamento do projeto político-pedagógico.

O conhecimento e a participação da comunidade de pais e alunos é outro forte elemento que os Ginásios Vocacionais podem sugerir para a escola atual. Quem são nossos alunos? Como vivem suas famílias? Quais são suas condições de vida? O que esperam da escola? De que forma podemos envolvê-los nos estudos? Quem são os líderes? Que tipo de liderança exercem? Como podem participar, contribuir?

No Vocacional, a pesquisa sobre a comunidade possibilitava o estudo de temas vinculados aos problemas mais significativos apresentados pelos próprios alunos, nas assembleias das aulas-plataformas[8], e resultava em um planejamento que considerava a realidade – a comunidade, os alunos reais – com o propósito de problematizar, questionar, trazer novos conhecimentos, formar novas atitudes, transformar. Essa pesquisa tornava possível

---

8. A respeito de aula-plataforma, ver Deu certo, por que não? A aula-plataforma no ensino vocacional, de Moacyr da Silva (ver Referências), e *Conversa com professores: do fundamental à pós-graduação*, de Newton C. Balzan (ver Referências).

contextualizar os conteúdos dos componentes curriculares, identificando estratégias para apresentá-los, representá-los, exemplificá-los, conectá-los e torná-los significativos com base na realidade do lugar e do tempo nos quais as aprendizagens estão situadas[9] [orientação hoje expressa na Base Nacional Comum Curricular[10]].

Complementando e enriquecendo o trabalho de sala de aula, no Vocacional destacava-se o estudo do meio, outro elemento importante que, dentro das possibilidades de cada escola, poderia inspirar o trabalho da equipe escolar. O estudo do meio possibilita o contato direto do aluno com a realidade social e humana. No Ginásio Vocacional, essa prática tinha início na 1ª série ginasial (atual 6º ano), com o estudo do município, e continuava nas séries seguintes. Na 2ª série, o foco era o estado; na 3ª, o Brasil; e, na 4ª, o mundo. Atualmente, muitas escolas desenvolvem estudo do meio[11].

Sabemos das dificuldades para que as escolas, principalmente as públicas, possam realizar grandes estudos fora de sua região, de seu município. No entanto, estudos do meio, nas imediações da escola, em espaços e instituições do próprio município, como feiras, museus, bibliotecas, câmara municipal, sede da prefeitura, entre outros, poderiam ser realizados. Esses estudos do meio envolvem diferentes disciplinas do currículo, possibilitando um olhar interdisciplinar e uma forma mais dinâmica e significativa de trabalhar os conteúdos. Muitas vezes, os alunos não encontram sentido

---

9. BNCC, 2017, 14.
10. Base Nacional Comum Curricular (BNCC), 2017, documento de caráter normativo que define o conjunto de aprendizagens que todos os alunos devem desenvolver ao longo das etapas e modalidades da Educação Básica, em conformidade com o que preceituam a Lei 9.394/96 de Diretrizes e Bases da Educação Nacional, as Diretrizes Curriculares Nacionais da Educação Básica, MEC, 2013 (DCNEB), bem como o Plano Nacional de Educação (PNE).
11. Para aprofundamento do tema, ver *A formação do professor centrada na escola*, de Moacyr da Silva; *Ensino vocacional: uma pedagogia atual*, de Esméria Rovai (org.), e *Conversa com professores: do fundamental à pós-graduação*, de N. C. Balzan (ver Referências).

nas aulas, quando os conteúdos são trabalhados apenas de forma teórica e fragmentada.

O estudo do meio é, sim, trabalhoso; exige o envolvimento de diferentes atores: diretor, professores de diferentes disciplinas, funcionários da escola, pais. Requer um planejamento prévio e a preparação dos alunos quanto às observações, aos registros e à sínteses dos dados. No entanto, a aprendizagem e o processo de sociabilidade e autonomia dele resultante compensam todo esse esforço.

Outra diretriz muito marcante na experiência do Vocacional, a interdisciplinaridade permanece como uma proposta atual que visa superar a fragmentação dos conteúdos escolares.

> Decidir sobre forma de organização interdisciplinar dos componentes curriculares e fortalecer a competência pedagógica das equipes escolares para adotar estratégias mais dinâmicas, interativas e colaborativas em relação à gestão do ensino e da aprendizagem (BNCC, 2017, 14).

Historicamente, o currículo das escolas é trabalhado de forma multidisciplinar. Cada professor elabora o plano de ensino de sua disciplina com os seus conteúdos específicos e de acordo com sua formação. Em geral, há uma integração vertical, ou seja, o coordenador reúne os professores e orienta para que professores de uma mesma disciplina combinem o que será trabalhado em cada ano, de modo a não haver repetição de conteúdos. Muitas vezes, o plano é orientado pelo livro didático, que já faz uma distribuição dos conteúdos pelos diferentes anos. No entanto, outras formas de organização dos conteúdos são possíveis.

No Vocacional, os conteúdos eram organizados em torno de unidades pedagógicas[12]. A interdisciplinaridade favorece a transferência da aprendizagem, a compreensão do significado dos conteúdos estudados, respondendo à célebre questão que os alunos muitas

---

12. A respeito da interdisciplinaridade no Ginásio Vocacional, ver DA SILVA, *A formação do professor centrada na escola...*; ROVAI (Org.), *Ensino vocacional...*, e BALZAN, *Conversa com professores...* (ver Referências).

vezes fazem aos professores: para que serve, qual a finalidade dos conteúdos que estou estudando?

Na impossibilidade de assumir um trabalho totalmente interdisciplinar, diversas escolas mesclam um trabalho por disciplina e alguns projetos interdisciplinares ou mesmo unidades temáticas, o que contribui para que os alunos vejam mais sentido no que estão estudando e aprendam não somente conteúdos, mas também a estabelecer relações entre eles. A informação está em toda a parte, mas a construção do conhecimento requer a capacidade de problematizar, pesquisar, realizar análises e sínteses, de forma crítica e não ingênua. O coordenador tem um papel fundamental no sentido de propor novas formas de trabalho pedagógico, de identificar professores mais sensíveis às mudanças, de propiciar momentos de estudo e debate que ensejem novas práticas.

Evidentemente, a equipe escolar precisa conhecer e considerar os princípios, diretrizes e normas oficiais. Como já dito anteriormente, muitos dos fundamentos expressos na citada legislação já estavam postos e trabalhados na experiência do Vocacional. Além dos princípios de contextualização e interdisciplinaridade, outros poderiam ser mencionados (BNCC, 2017, 15):

- selecionar e aplicar metodologias e estratégias didático-pedagógicas diversificadas, recorrendo a ritmos diferenciados e a conteúdos complementares, se necessário, para trabalhar com as necessidades de diferentes grupos de alunos, suas famílias e cultura de origem, suas comunidades, seus grupos de socialização etc.;
- conceber e pôr em prática situações e procedimentos para motivar e engajar os alunos nas aprendizagens;
- construir e aplicar procedimentos de avaliação formativa de processo ou de resultado que levem em conta os contextos e as condições de aprendizagem, tomando tais registros como referência para melhorar o desempenho da escola, dos professores e dos alunos.

No Vocacional, os conteúdos das disciplinas eram planejados e desenvolvidos por técnicas de estudos muito dinâmicas e sempre pautadas pelas dimensões físico-motora, psicossocial, cognitiva e afetiva. Essas dimensões eram trabalhadas, observadas, registradas e avaliadas ao longo das quatro séries em relação ao processo de desenvolvimento de cada aluno.

Os ex-alunos do Vocacional são testemunhas vivas, hoje, cinquenta anos depois, da vivência dos fundamentos anteriormente transcritos, conforme depoimentos que podem ser observados no documentário *Vocacional, uma aventura humana*, ou em teses e obras referentes ao Vocacional[13].

As diretrizes e normas oficiais, no entanto, precisam ser apropriadas de forma crítica, e não como um processo de submissão a elas, preservando a autonomia da escola, a exemplo do Vocacional e de tantas outras experiências curriculares inovadoras realizadas nas últimas décadas, em diferentes estados e municípios. A Base Nacional Comum Curricular não pode uniformizar currículos, culturas e valores e, ainda, como questiona Arroyo (2016, 50),

> [...] a que conhecimentos comuns, nacionais têm direito as crianças, os adolescentes, jovens e adultos populares, pobres, negros que pressionam pelo direito a conhecimento que os ajudem a entender-se? [...].

Assim, reafirmo aqui a importância de trazer a BNCC do ensino básico, que inclui a Educação Infantil, o Ensino Fundamental e o Médio, para ser debatida, dialogada, refletida em cada unidade escolar desses diferentes "Brasis" com suas inúmeras e marcantes diferenças sociais, raciais e culturais. Debate que instigue os educadores de cada unidade de que é preciso sonhar e reinventar a escola, como fizemos no passado, para que formem sujeitos críticos, autônomos, comprometidos e capazes de construir conhecimentos a partir de valores como cooperação, solidariedade e respeito aos direitos humanos.

---

13. Recomendo aos educadores assistir ao filme documentário *Vocacional, uma aventura humana*, dirigido por Toni Venturi, ex-aluno do Ginásio Estadual Vocacional Osvaldo Aranha, da Capital. Para entrar em contato com o GV Vive, acesse o seguinte link: <http://gvive.org.br>.

Reiteramos o papel fundamental de liderança do coordenador diante do atual contexto na construção de novos rumos para a escola, que anseia por mudanças mais condizentes com a realidade.

Referências

ALARCÃO, I. *Professores reflexivos em uma escola reflexiva*. São Paulo: Cortez, 2001.

_____. (Org.). *Escola reflexiva e uma nova realidade*. Porto Alegre: Artmed, 2001.

ARROYO, M. G. A base nacional comum em disputa. O que está em disputa? *Revista Apase*, São Paulo, Sindicato dos supervisores do ensino do magistério oficial do estado de São Paulo, ano XV, n. 17 (2016) 46-53.

BALZAN, N. C. *Conversa com professores: do fundamental à pós-graduação*. São Paulo: Cortez, 2015.

BRASIL. Ministério da Educação. *BNCC – Base Nacional Comum Curricular*. 2017. Disponível em: <http://basenacionalcomum.mec.gov.br/>. Acesso em: 9 abr. 2018.

DA SILVA, M. Deu certo, por que não? A aula-plataforma no ensino vocacional. In: PLACCO, V. M. N. de S.; ALMEIDA, L. R. de (Orgs.). *O Coordenador Pedagógico: provocações e possibilidades de atuação*. São Paulo: Loyola, 2012.

_____. *A formação do professor centrada na escola: uma introdução*. São Paulo: EDUC, 2002.

FREIRE, P. *Educação e mudança*. São Paulo: Paz e Terra, 1982.

NÓVOA, A. *Os professores e sua formação*. Lisboa: Publicações Don Quixote, 1995.

PATTO, M. H. S.; KUPFER, M. C.; VOLTOLINI, R. (Orgs.). *Práticas inclusivas em escolas transformadoras: acolhendo o aluno sujeito*. São Paulo: Escuta/Fapesp, 2017.

ROVAI, E. (Org.). *Ensino vocacional: uma pedagogia atual*. São Paulo: Cortez, 2005.

SCHÖN, D. A. *Educando o profissional reflexivo: um novo design para o ensino e a aprendizagem*. Tradução de Roberto C. Costa. Porto Alegre: Artes Médicas Sul, 2000.

TAMBERLINI, A. R. N. de B. *Os Ginásios Vocacionais: a dimensão política de um projeto pedagógico transformador*. São Paulo: Annablume/Fapesp, 2001, 145.

VOCACIONAL, Uma Aventura Humana: ideias e práticas. Toni Venturi, Brasil, Olhar Imaginário/Mamute Filmes, 2011, 77 min.

ZEICHNER, K. M. *A formação reflexiva dos professores: ideias e práticas.* Lisboa: Educa, 1993.

Mapear os conhecimentos prévios e as necessidades formativas dos professores: uma especificidade do trabalho das Coordenadoras Pedagógicas

Rodnei Pereira[1]
msrodneipereira@gmail.com
Vera Maria Nigro de Souza Placco[2]
veraplacco7@gmail.com

Com sol e chuva você sonhava
Que ia ser melhor depois
Você queria ser o grande herói das estradas
Tudo que você queria ser
(Lô Borges e Márcio Borges)

---

1. Doutor em Educação: Psicologia da Educação. Professor Titular na Universidade Paulista (Unip) e Bolsista de Pesquisas do Departamento de Pesquisas Educacionais (DPE), da Fundação Carlos Chagas (FCC). Autor da tese de doutorado na qual este texto está fundamentado.
2. Doutora em Educação: Psicologia da Educação. Professora Titular na PUC-SP. Professora e pesquisadora dos Programas de Estudos Pós-Graduados em Educação: Psicologia da Educação e Educação: Formação de Formadores. Bolsista Produtividade do CNPq. Orientadora da tese de doutorado na qual este texto está fundamentado.

Para começo de conversa...

A canção "Tudo o que você podia ser", imortalizada por Milton Nascimento nos anos de 1970, da qual extraímos o excerto anterior, remete ao desejo de uma geração por mudanças. Uma metáfora que consideramos adequada quando pensamos na trajetória da coordenação pedagógica no Brasil e de toda a luta do magistério e da comunidade acadêmica em sua defesa e na aposta em sua potência e contribuições, para assegurar o direito de todos e todas de se apropriarem do conhecimento acumulado pela humanidade ao longo dos tempos.

Em quase quatro décadas de produção de conhecimento sobre coordenação pedagógica e escolar, muitos foram os desafios identificados em torno do trabalho cotidiano das Coordenadoras Pedagógicas em exercício em todo o país. E, na tentativa de contribuir com o enfrentamento desses (inúmeros) desafios, discutimos neste texto como o trabalho de mapeamento dos conhecimentos prévios dos professores e de suas necessidades formativas pode contribuir para delimitar as especificidades das atividades das CPs, de modo a circunscrever seus conhecimentos profissionais, para que possam cumprir sua função formadora, em seus contextos de trabalho.

Antes, porém, cumpre explicitar alguns princípios. O primeiro deles é que optamos por nos referir às Coordenadoras Pedagógicas, no feminino, uma vez que a maioria das profissionais em exercício declara ser do gênero feminino (PLACCO; ALMEIDA; SOUZA, 2011). Fazemos esse acento não apenas para reforçar que isso se justifica pelo fenômeno de feminização do magistério brasileiro (VIANNA, 2013), mas para demarcar que se trata de um fator importante a ser considerado, visto que as construções sociais dos papéis de gênero também são constituintes dos movimentos identitários das Coordenadoras Pedagógicas, e, por isso, esse fator está na base de consideração das reflexões tecidas ao longo da argumentação a seguir.

Outro princípio sobre os quais as ideias aqui expostas se assentam é na tríplice função da coordenação pedagógica: formadora (quando se pensa na ação da Coordenadora Pedagógica como mediadora do desenvolvimento profissional das professoras e professores e no exame crítico das suas práticas profissionais), articuladora do PPP (quando se pensa que todo o trabalho pedagógico, a maneira como ele é organizado e desenvolvido, deve ter como horizonte o projeto educativo da escola e os resultados que intenta atingir) e transformadora (quando tomamos como objeto a busca de novos jeitos de pensar e de fazer o trabalho pedagógico), com vistas à qualidade do ensino e à melhoria da aprendizagem dos estudantes (ALMEIDA; PLACCO, 2016).

Quando pensamos, contudo, na concretização e na viabilidade desta tríplice função, não podemos perder de vista que as condições materiais e objetivas impõem um conjunto de desafios ao trabalho do CP. Estes desafios fazem com que o trabalho na coordenação, dada a sua complexidade, exija uma diversidade de conhecimentos profissionais específicos. Quais seriam, então, as especificidades da atividade da Coordenadora Pedagógica?

Especificidades da coordenação pedagógica: o que são e por que são importantes?

A palavra especificidade, da maneira como a empregamos neste capítulo, está para além do seu significado dicionarizado. O que não significa que possamos ou devamos desconsiderá-lo. Ao contrário, partiremos dele para então delimitar o conceito que sustenta as presentes reflexões.

Tomamos a noção de especificidade para nos referirmos à qualidade do que é próprio, peculiar (HOUAISS, 2001). Quando relacionamos tal definição ao que se espera de uma Coordenadora Pedagógica, chegamos a um entendimento de especificidades como os conjuntos de princípios orientadores que permitem erigir suas práticas profissionais.

Ressaltamos, como ponto de partida, que tais princípios não podem ser considerados definitivos, herméticos e atemporais. Ao contrário, são dialéticos, cambiantes e dependem de um conjunto de características históricas, grupais, identitárias, territoriais e locais. São, assim, superdiversas (BLOMMAERT; RAMPTON, 2011).

Com base em Blommaert e Rampton (2011), é relevante lembrar que vivemos em um cenário de transformações sociais e políticas agudas, marcadas pela supermodernização do modo de produção capitalista, pela globalização econômica e pelas inter-relações entre povos, culturas e idiomas diferentes, provocados por diásporas e fluxos migratórios que vêm mudando de maneira difusa as relações sociais e culturais no Brasil, haja vista o número de refugiados, de diferentes partes do globo, que nosso país tem recebido nos últimos anos. Somam-se a isso nossos (velhos) conhecidos problemas, que encontram, na acirrada desigualdade social, suas múltiplas expressões.

Desse ponto de vista, o conceito de superdiversidade é evocado por opor-se à ideia de fixação, estabilidade e homogeneidade, que também nos desafia a repensar nossa identidade de povo colonizado e que nos impele a pensar nas diferenças humanas e na diversidade que elas promovem. Esses processos vêm modificando, sobremaneira, as formas de interação, comunicação, construção e manutenção das relações interpessoais.

O trabalho escolar, neste novo século, portanto, é afetado pela superdiversidade. E a atividade da Coordenadora Pedagógica é atravessada e constituída pelas múltiplas nuanças da superdiversidade, exigindo a construção de conhecimentos profissionais específicos que ajudem a enfrentar os desafios que tais nuanças impõem.

Para evitar, contudo, uma compreensão de que as especificidades do trabalho sejam fluidas, cumpre afirmar que é preciso lembrar que elas podem gozar de alguma estabilidade e solidez. Solidez essa que é necessária para trazer "alguma segurança" (BAUMAN, 2011). Assim, tais especificidades precisam gozar de uma perenidade mínima. É necessário, porém, que estejamos atentos para perceber quando os nossos conhecimentos não são mais suficientes para lidar com as situações-problema colocadas pela vida e pelas interações com os outros.

Em outras palavras, se, por um lado, como expressa a tradição cristã, "não se remenda pano velho com tecido novo, pois piora o rasgo", por outro lado, há que haver algum enraizamento (WEIL, 1997) para que possamos sobreviver no mundo. Neste caso, a metáfora da metamorfose merece ser lembrada.

Outra conhecida composição do cancioneiro popular brasileiro tem uma frase, entre outras de impacto, que afirma: "eu prefiro ser essa metamorfose ambulante, do que ter aquela velha opinião formada sobre tudo". Tal frase expressa de forma contundente a necessidade de reinvenção que a superdiversidade coloca a todos nós. Contudo, cabe lembrar que os seres que se metamorfoseiam assumem outras formas, mas não deixam de carregar o que foram outrora. Sendo assim, suas antigas formas continuam presentes em seus novos modos de expressão.

Neste caso, os balizadores das nossas necessidades de metamorfose se encontram nos coletivos dos quais fazemos parte. São os outros que nos sinalizam quando precisamos nos metamorfosear. E a cada um de nós fica o empreendimento de perceber, aceitar e nos dispor a promover mudanças.

Valter Hugo Mãe (2014, 15), em seu romance *A desumanização*, afirma:

> O inferno não são os outros, pequena Halla. Eles são o paraíso, porque um homem sozinho é apenas um animal. A humanidade começa nos que te rodeiam, e não exatamente em ti. Ser-se a pessoa implica a tua mãe, as nossas pessoas, um desconhecido ou a sua expectativa. Sem ninguém no presente nem no futuro, o indivíduo pensa tão sem razão quanto pensam os peixes. Dura pelo engenho que tiver e parece como um atributo indiferenciado do planeta. Parece como uma coisa qualquer.

Os coletivos sociais e profissionais assumem, nessa perspectiva, o importante papel de sustentáculos das nossas identidades e relações sociais.

Correlacionando esse raciocínio à construção das especificidades da coordenação pedagógica, defendemos que também elas precisam ser definidas em conjunto, em contextos específicos.

Esse é um pressuposto importante quando lembramos que tanto as atribuições quanto os requisitos para exercer as funções de coordenação pedagógica são não apenas variados, como também excessivos nos textos legais e em documentos reguladores das redes públicas e privadas brasileiras (PEREIRA, 2017). Trata-se de um fator que incide diretamente sobre os processos de atribuição e pertença que constituem a identidade profissional das CPs e que dificulta sobremaneira a assunção e o exercício de sua principal tarefa, que é a formação dos professores. No entanto, é preciso que estejamos atentos a uma importante questão: quais significados precisamos atribuir a essa tarefa?

Formação na escola, para quê?

Formação é um termo polissêmico, cuja definição não é simples. Não raro, é utilizado como sinônimo da educação que ocorre na universidade, em centros de formação ou institutos.

Ferry (2008) explica que, ao compreendermos dessa maneira o termo formação, referimo-nos, em verdade, a algumas condições da formação que são seus suportes, mas não dizem respeito à formação, em si.

Outra possibilidade, segundo o autor, é considerar o termo como sinônimo de implementação de programas e conteúdos de aprendizagem, ou do currículo. Segundo ele, embora o currículo seja indispensável para a formação, porque constitui os suportes e condições da formação, isso também não é formação.

A formação seria, para ele, a aquisição de certas formas para agir, refletir e aperfeiçoar o ensino, o que é diferente de ensinar e aprender, embora ambas as atividades sejam suportes da formação. Assim, para Ferry (2008, 4), formação é uma "dinâmica de desenvolvimento pessoal que consiste em encontrar formas para cumprir com certas tarefas para exercer um ofício, uma profissão, um trabalho, por exemplo" (tradução nossa).

Para não incorrer no risco de atribuir ao conceito uma explicação mecanicista, ou mesmo de conceber a noção de formação como sendo o ato de conformar, colocar algo ou alguém em "uma forma", ou mesmo de induzi-lo a agir ou pensar de determinada forma, o autor adverte que se deve renunciar a certas maneiras de falar sobre o assunto. Em suas palavras:

> Nada pode formar o outro. Não se pode falar de um formador e de um formado. Falar de um formador e de um formado é afirmar

que há um polo ativo, o formador, e um polo passivo, aquele que é formado. E a maioria do tempo este é o léxico que se usa. [...] Nada forma o outro. O indivíduo se forma, é quem encontra a sua forma, é ele quem se desenvolve, pode-se dizer, de forma em forma. Então o que quero dizer é que o sujeito se forma somente e por seus próprios meios (FERRY, 2008, 54, tradução nossa).

Ao prosseguir em sua argumentação, Ferry afirma que o sujeito forma a si mesmo, mas essa formação se dá por um conjunto de elementos mediadores. As mediações são múltiplas, variadas, assim como os agentes formadores são mediadores humanos, como também o são as leituras, as circunstâncias, os percursos biográficos, as relações com as outras pessoas.

Outro aspecto da teorização do pesquisador, com o qual concordamos, é que as condições de desenvolvimento pessoal são atravessadas pelas condições de espaço-lugar[3], de tempo e de relação com uma dada realidade ou conjunto de circunstâncias.

O "trabalho sobre si" só seria possível em espaços-lugares nos quais há disposição para tal empreendimento. O autor dá como exemplo o caso do professor. Ao lecionar, ele trabalha para os alunos, mas sua experiência de trabalho só poderá se transformar em formação em um espaço-lugar em que haja condições para que ele possa trabalhar sobre si mesmo. Isso só ocorrerá se houver reflexão sobre o que se fez, como se fez, buscando outras formas para os fazeres.

---

3. Denominamos espaço-lugar uma das dimensões que constituem a formação do professor. Ao lado das demais dimensões explicitadas por Sousa e Placco, 2016, consideramos que as características do espaço da escola – em que região georeferencial está, o perfil socioeconômico do alunado (e do próprio professor), os índices de vulnerabilidade social e desigualdade presentes, a qualidade das relações que os profissionais da escola estabelecem entre si, a relação dos professores com os alunos, dos alunos com os alunos e da comunidade escolar consigo própria – atravessam a formação do professor. Além disso, a maneira como um professor se relaciona com os espaços da escola pode fazê-lo ocupar seus espaços e, mesmo, se deixe ou não ocupar por eles. Neste caso, os espaços-lugares da escola são potencialmente formativos (PEREIRA, 2017).

Uma experiência de trabalho profissional pode, então, ser formativa quando o sujeito consegue encontrar meios de mudar, de rever suas práticas, de fazer uma espécie de balanço reflexivo. Segundo Ferry (2008), refletir consiste em suspender a experiência da própria prática e tratar de compreender o que se viveu. Isso só é possível quando há tempos que possibilitem a reflexão. Nesse movimento é que se pode dizer que houve formação.

Por fim, convém lembrar que, quando se está em um espaço-lugar, em um tempo de formação, é necessário pensar que a formação implica estabelecer certa distância com a realidade. Nos momentos em que paramos para refletir sobre as experiências, elas deixam de ser a realidade para se tornarem representações, que operam no campo das imagens, dos símbolos, de uma realidade mental (e não real, concreta).

A formação se tornaria, então, um espaço potencial para o exercício de "jogos de simulação", que podem servir para a construção de novas projeções e planos de ações e de práticas.

Ao tomarmos as proposições de Ferry para pensar no que significa ser um formador de professores, defendemos, pois, que ser um formador de professores significa ser um articulador dos processos de seleção de práticas de ensino ocorridas nos espaços-lugares de cada escola e seu tratamento em diferentes tempos do cotidiano profissional desse contexto. Além disso, significa ser também um facilitador das reflexões sobre as práticas e os jogos de simulação que tomam o ensinar e o aprender como objeto.

O ensinar e o aprender, nessa perspectiva, só fazem sentido quando articulados ao projeto político-pedagógico de cada escola (que é uma expressão de um determinado currículo). Esse movimento é que poderia promover *trans*formações. A ideia de transformação aqui empregada é daquilo que está "além da formação", bem como a de profusão de ideias que atravessam a/uma forma, dando movimento/produzindo/gerando/provocando novos jeitos de pensar, agir, ensinar, aprender.

O prefixo [trans], no substantivo transformações, pode ser pensado ainda sob o enfoque de Britzman (1996), estudiosa das questões que envolvem a construção das identidades sexuais. Para a autora, as travestilidades e transexualidades desestabilizam qualquer lógica binária de pensamento sobre gênero, porque sujeitos travestis e transexuais desafiam nossas formas de pensar, uma vez que eles não cabem nas definições de homem ou de mulher. Tampouco, podem se encerrar em um conceito que os aprisione em seus sexos biológicos, já que suas formas de se mostrar no mundo são variadas e cambiantes.

Segundo a autora (1996, 74):

> [...] *nenhuma* identidade sexual – mesmo a mais normativa – é automática, autêntica, facilmente assumida; *nenhuma* identidade sexual existe sem negociação ou construção. [...] Em vez disso, toda identidade sexual é um constructo instável, mutável e volátil, uma *relação social* contraditória e não finalizada.

A definição da autora para a ideia de identidade sexual pode ser aplicada para pensar a formação docente, na medida em que o fazer docente também é marcado por um conjunto de relações sociais, contraditórias, não finalizadas, instáveis, mutáveis e voláteis. A metáfora das travestilidades e das transexualidades serviria ainda para repensarmos sobre os significados de formação.

Travestis e transexuais são sujeitos que provocam espanto porque confrontam toda a sociedade, desestabilizando suas formas de conceber as formas de ser e estar no mundo e de agir sobre ele. Não são homens, tampouco mulheres, em sentido estrito. São o que vão se tornando e como vão sendo, com suas roupas, vozes, performances. Encarnam o verbo ser no gerúndio: vão sendo. Assim, desafiam toda a sociedade a pensar o impensável (SILVA, 2015), a elaborar pensamentos antes inimagináveis.

E, nesse sentido, a finalidade dos processos de formação de professores não seria, coletivamente, articular e mediar possibilidades de se pensar e fazer coisas que a todos – formadores e participantes da formação – pudessem ser impensáveis?

É nesse campo que se insere a ação do Coordenador Pedagógico em suas dimensões formadora, articuladora e transformadora (ALMEIDA, 2013; ALMEIDA E PLACCO, 2010), lembrando que:

[...] compete ao [...] Coordenador Pedagógico, as funções de articulador, formador e transformador:

– como articulador, seu principal papel é oferecer condições para que os professores trabalhem coletivamente as propostas curriculares, em função de sua realidade, o que não é fácil, mas possível;

– como formador, compete-lhe oferecer condições ao professor para que se aprofunde em sua área específica e trabalhe bem com ela;

– como transformador, cabe-lhe o compromisso com o questionamento, ou seja, ajudar o professor a ser reflexivo e crítico em sua prática (ALMEIDA; PLACCO, 2009, 39) (ALMEIDA, 2010, 44).

Se colocarmos sob relevo a dimensão formadora – oferecer condições para que o professor se aprofunde em sua área específica e trabalhe bem com ela –, precisamos acentuar que não é tarefa simples que a pratiquemos no cotidiano da escola.

Em primeiro lugar, em função da dinamicidade dos acontecimentos de uma escola; em segundo, porque as fontes de informações que pautam o planejamento de ciclos formativos desenvolvidos nas unidades escolares, pelas Coordenadoras Pedagógicas, bem como a seleção dos conteúdos abordados, variarão segundo as características dos professores, do grupo ao qual pertencem, da região, dos resultados da aprendizagem, entre tantos outros fatores.

Diante disso, é preciso ter em conta que o que diz respeito à tríplice função das CPs constitui "o início, o fim e o meio" de tudo o que fazem, como dizia outra conhecida canção, "Gitá"[4].

Sem que isso esteja elucidado, os desvios de função, as atividades marcadas por rotinas atribuladas, as ações de fiscalização e controle, que são marcas históricas da coordenação pedagógica e escolar, não são superadas.

Para exercer sua função formadora, as CPs precisam ter a confiança do grupo de professores, o que só é possível quando se

---

4. SEIXAS, Raul; COELHO, Paulo. *Gita.* In: SEIXAS, Raul. Gita, São Paulo: Gravadora Universal (1974) 1989a. Faixa 1. 1 CD.

tornam capazes de discutir com ele as suas práticas pedagógicas (PEREIRA, 2017). Da mesma forma, precisam dispor de conhecimentos para lidar com o grupo, ler e interpretar seus movimentos, para favorecer o trabalho coletivo, estar atento ao currículo, aos resultados de aprendizagem dos estudantes e aos seus processos e fatores de constituição e interferência.

Considerando os assuntos já abordados nos demais volumes que compõem esta coleção, circunscrevemos nossas reflexões ao mapeamento dos conhecimentos prévios dos professores e ao levantamento de suas necessidades formativas, como ponto de partida para a ação formadora que se efetiva no exercício da coordenação pedagógica.

Mapear conhecimentos prévios e levantar necessidades formativas dos professores: finalidades e possibilidades

Em nossa pesquisa de doutorado[5], uma pesquisa-formação que se dispôs a provocar e ampliar o compromisso de um grupo de CPs como formadoras, ficou patente que, quando as CPs organizam as atividades de formação com base no que os professores já sabem e precisam, as chances de que tais atividades malogrem diminuem consideravelmente. O que não significa que um projeto de formação possa ser pensando unicamente por meio do levantamento de necessidades. Embora não se encerre nele, é uma variável importante de ser considerada. Vale também acentuar que, no contexto no qual a pesquisa ocorreu, conhecer as necessidades dos professores auxiliou sobremaneira as formas de organização do trabalho das CPs, evitando desvios de função, sobreposição e acúmulo de tarefas.

Naquela situação, foram empregados métodos e práticas definidos coletivamente e contextualizados nas necessidades formativas dos professores.

---

5. A ação aconteceu durante um ano letivo. Era quinzenal e previa estudo e planejamento de ações formativas que eram definidas em conjunto e colocadas em prática nas escolas. Nos encontros subsequentes, as experiências eram retomadas, revistas e ampliadas. Participaram quinze Coordenadoras Pedagógicas iniciantes em escolas de Ensino Fundamental, de uma rede municipal da Grande São Paulo.

Cumpre elucidar que, quando fazemos alusão ao termo conhecimentos prévios, referimo-nos ao que os professores já sabem, às suas representações, aos seus conhecimentos profissionais advindos das mais diversas fontes (formação inicial, experiências, crenças etc.). Já a ideia de necessidade, do ponto de vista semântico, costuma nos remeter à noção de falta, de privação, levando-nos a pensar em necessidade como tudo aquilo que faltaria para que alguma coisa pudesse se efetivar.

Príncepe (2010) explica que toda necessidade é um produto social e histórico, que emerge de um determinado contexto, e sua definição está intrinsecamente associada a valores ideológicos, sociais, políticos e históricos de indivíduos e grupos.

Na mesma direção, a pesquisadora sublinha que a análise de necessidades não remete para a identificação de algo que,

> de forma determinista, faz falta ou é preciso, nem tampouco que o produto dessa análise poderá indicar de forma rígida o caminho a seguir na prática de formação (PRÍNCEPE, 2010, 63).

Advertimos que o emprego do termo necessidades formativas procura se afastar de uma noção hermética ou excessivamente pragmática, o que significa que não consideramos que aquilo que os professores declarem como necessário se transforme em uma "tábua de mandamentos da formação". Ao contrário, o que os professores declaram como sendo fundamental para as suas práticas precisa ser analisado criticamente pelas CPs. E essa análise precisa articular uma leitura a respeito de como os professores fazem o seu trabalho e dos desafios que enfrentam. A razão de tomar as necessidades como ponto de partida dos projetos formativos é sua construção coletiva e colaborativa dos processos formativos, de modo que todos se sintam comprometidos com eles e motivados para engajar-se neles.

Sendo assim, empregamos o termo necessidade como expressão daquilo que falta aos professores, mas integrando também seus desejos e expectativas em relação à sua formação pedagógica. As necessidades formativas, quando tomadas sob essa perspectiva, ocorrem de forma individual e contextualizada, e referem-se muito mais a uma estratégia de potencialização da formação centrada nos contextos de trabalho docente.

Isso posto, novamente, destacamos que aquilo que os professores declaram como sendo necessário para desempenharem melhor o seu trabalho depende de uma análise crítica, da reflexão entre CPs e professores, visto que a capacidade reflexiva dos docentes depende

> [...] da tomada de consciência, por parte do prático, de si nas situações de trabalho, dos seus valores e crenças, das posições ideológicas, políticas, éticas, cientificas, epistemológicas, pedagógicas [...] que norteiam a sua ação; das exigências profissionais que pendem sobre si. [...]. Em suma, de si nas situações de trabalho e das suas representações e ainda do papel e lugar que a formação pode ter na ultrapassagem de dificuldades [...] (RODRIGUES, 2006, 116).

As necessidades formativas podem emergir, assim, na relação que os professores estabelecem com os estudantes, com seus pares, com a gestão escolar, com o currículo, com os espaços-lugares da escola, a partir das suas crenças e experiências, bem como das expectativas que têm em relação aos processos de formação e em como poderiam subsidiar seu trabalho, como profissional do ensino.

Tais necessidades se tornam, assim, promotoras de desafios e explicitadoras de dificuldades. Por isso, a importância de ouvir os professores e de examinar criticamente o que declaram, como condição para que as CPs possam contribuir para que os professores estabeleçam relações melhores com as suas atividades profissionais.

Com base nessas ideias, apresentamos os instrumentos que foram criados e utilizados com o grupo de CPs que participou da investigação anteriormente mencionada.

Instrumento 1 – Roteiro de Mapeamento de Conhecimentos Prévios dos Professores
a) Nome do Professor.
b) Trajetória de formação – incluir todos os cursos, tanto de nível superior como de especialização, extensão e/ou aperfeiçoamento.

> c) Tempo de experiência docente – destacar, além do tempo de experiência em si, os níveis e modalidades de ensino nos quais atuou, turmas nas quais já trabalhou e com quais tem mais afinidades ou dificuldades.
> d) O que pensa da escola, da comunidade do entorno, dos estudantes e de suas famílias?
> e) Na medida do possível e do vínculo estabelecido, levantar os centros de interesse (cultura, literatura, artes, *hobbies* etc.), bem como o que o professor considera como seus pontos fortes, coisas que tem consciência de que gosta e sabe fazer bem.

Instrumento 2[6] – Roteiro de levantamento das necessidades formativas

> 1. Quais são os principais desafios que você enfrenta na sua prática cotidiana?
> 2. Como você responde a esses desafios?
> 3. Do que você sente falta para melhor os enfrentar?

No contexto no qual a pesquisa ocorreu, após trabalharmos a importância de mapear os conhecimentos prévios dos professores, os instrumentos foram elaborados coletivamente e, depois, utilizados pelas Coordenadoras Pedagógicas participantes, em suas unidades escolares.

Quanto ao instrumento 1, serviu para orientar sessões de conversa individuais das participantes com os professores. O combinado pelo grupo é que todas procurariam explicar aos professores que tais informações serviriam para que elas pudessem planejar ações que melhor as atendessem e ajudassem a enfrentar seus desafios profissionais.

Quanto a essas sessões de conversa, as CPs registravam as informações relevantes em um diário de bordo, no qual, depois, teciam considerações e impressões pessoais sobre a experiência vivida. Para elas, as sessões foram importantes porque, além de estreitar vínculos com os professores, o que contribuiu para o aprofundamento das relações interpessoais estabelecidas com eles, permitiu que obtivessem informações que não conheciam ou que eram relevantes para a ação profissional, mas que elas não haviam anteriormente percebido.

---

6. Construído com inspiração em Príncepe (2010).

Por exemplo, alguns professores eram iniciantes tanto na carreira docente quanto em suas escolas, o que trazia muitas dúvidas e inseguranças, que diziam respeito ao ciclo de inserção na profissão. Já outros professores, mais experientes, e que eram vistos pelas CPs, muitas vezes, como "desmotivados" ou "resistentes", conseguiram expor, entre outros aspectos, que tinham dificuldades com conteúdos específicos de suas áreas de atuação.

O segundo instrumento foi utilizado pelas CPs em rodas de conversa com os professores, que foram gravadas e depois transcritas. O conteúdo das rodas trouxe como temas as dificuldades que os professores viviam no manejo das classes, nas relações com os estudantes, com seus pares e, em muitos casos, nas dificuldades que estabeleciam com conteúdos específicos de suas áreas de conhecimento, com o currículo, com as famílias e com as dificuldades na escolarização vividas pelos estudantes, entre outros temas.

O conteúdo dos dois instrumentos foi analisado por cada uma delas e orientou a escolha dos temas das reuniões desenvolvidas nos horários de trabalho pedagógico coletivo, bem como percursos formativos individuais dos professores.

Os temas e percursos foram discutidos com os professores, de modo que os projetos formativos foram negociados com eles.

Ao analisar a importância de tal processo e no que ele significou para a relação das Coordenadoras Pedagógicas que participaram da pesquisa com os professores de suas escolas, elas relataram seu valor, pois auxiliou-as na construção de vínculos de confiança com os professores. Antes do desenvolvimento da atividade de levantamento das necessidades formativas dos professores, uma participante havia relatado o seguinte:

> Quando eu era professora no Estado, [...] a minha coordenadora vivia perguntando se eu tinha feito sondagem, quantos pré-silábicos eu tinha; colocava cartaz na sala dos professores, comparando quantidades de alunos, por hipótese de escrita. Eu ficava tão nervosa! E me sentia culpada. Parecia que a coordenadora estava sempre vigiando a gente. Aí, eu pensava assim: "se um dia eu for coordenadora, não quero ser assim". Coordenadora tem que

ajudar a gente, não fazer a gente se sentir sem chão. Mas agora que eu virei coordenadora, tem professora que já acha que eu quero vigiar, que eu quero apontar erros. Deus sabe que não é isso. [...] (Coordenadora Pedagógica Participante).

Algumas semanas após o desenvolvimento da atividade, a CP fez um depoimento que indicou que o trabalho com as necessidades formativas havia tido reverberações:

> Gente, sabe, a professora que disse que coordenador só serve pra vigiar e apontar erro. Me procurou três vezes essa semana, pediu opinião sobre um projeto, quis trocar ideias sobre uma criança "deficiente", vem me cumprimentar todos os dias, achei até que ela está mais solta comigo, sabe? E aí eu fiquei pensando que não é uma questão só de nível pessoal, sabe? Porque às vezes as pessoas seguram a relação pelo pessoal. [...] E nessa situação, eu tô achando diferente. Acho que ela agiu diferente comigo por causa da questão profissional. E parece bobo, mas eu fiquei contente com isso (Coordenadora Pedagógica Participante).

O depoimento da CP foi escolhido apenas a título de ilustração da relevância da atividade, servindo também para inferirmos que contribuiu não apenas para a manutenção da sua ação formadora, mas também para fortalecê-la profissionalmente, na função ocupada.

Além disso, a identificação das necessidades formativas também se mostrou como um caminho para que os vínculos das coordenadoras com os professores se fortalecessem e para que elas conseguissem pensar em novas formas de lidar com eventuais conflitos nas relações interpessoais, conforme exemplifica uma participante:

> Eu tive um problema uma vez, eu tive um professor que era assim: tudo o que o grupo ia decidir, ele era contra; tudo o que vinha da secretaria era contra, e assim, mobilizava o grupo pro lado dele pra ser contra. E você percebia que o objetivo ali era claramente me testar, e eu, toda *lady*, né? Aí teve uma fala dele assim: "Eu não quero que você pense que eu sou chato, mas eu tenho que falar". Aí ele falou; o que ele falou, eu achei que não tinha nada a ver, mas tudo bem. Deixei ele falar. No dia seguinte, no horário de

> trabalho pedagógico individual, ele falou assim: "Olha, eu preciso falar com você. Você ficou chateada quando eu falei que você não ouvia a gente, você achou que eu estava tumultuando?". Eu falei: "De jeito nenhum, eu acho que ali é um espaço que a gente tem que colocar as nossas opiniões, porque eu não posso chegar aqui, enquanto coordenadora, e expor o que eu acho e vocês falarem amém. Você tem, sim, que colocar o seu ponto de vista, você tem, sim, que falar, isso enriquece demais o HTPC [Horário de Trabalho Pedagógico Coletivo]". Pergunta se mais uma vez ele ficou me testando? Parou. Agora ele fala, sim, coisas pertinentes, ele expõe as dúvidas dentro do contexto, mas aquela atitude de ficar cutucando pra ver até onde você ia... parou. Mas eu fiquei pensando, depois, junto com vocês, aqui, o que significava aquilo que ele fazia antes e que eu achava que ele estava me testando. Um pouco, acho que estava mesmo. Mas eu também não tinha feito nada para ouvir os professores, pra entender as dificuldades deles e como eu podia ajudar, de alguma forma (Coordenadora Pedagógica Participante).

O discurso da coordenadora ilustra seu movimento de reflexão sobre uma experiência vivida, acerca da qual não havia pensado com mais profundidade. Depois de algum tempo, relacionando essa experiência a um trabalho organizado e intencional, de identificar necessidades dos professores, percebeu que os ouvir e mapear seus conhecimentos ajudou-a a aprimorar o próprio trabalho:

> Então, depois que nós conversamos aqui, pensamos e eu fui ouvir o professor, entender quem era ele ali na escola, na classe dele, fazendo o trabalho dele, o que ele sabia, quais eram as dificuldades dele, eu entendi algumas coisas. Entendi que ele tinha algumas dificuldades com a classe, no ensino de Matemática, porque ele é professor de Matemática, que ele não queria mesmo que eu visse. Ele é um professor novo, começando há pouco tempo, estudou numa boa universidade, mas tinha dificuldade na hora de pensar o ensino. E, de repente, eu estava ali como alguém que ia apontar as falhas dele. Com o tempo, com as coisas que eu fiz pra ouvir, pra observar, pra dar devolutiva pra ele, fortalecendo o que ele

> sabia e mostrando que, se eu não podia ajudar em Matemática, em si, eu podia ajudar a pensar no planejamento, em outros jeitos de as aulas do assunto que ele estava com dificuldade, de ajudar com um aluno que "dava trabalho"; ele foi confiando em mim. E aí eu pensei que a gente começar a se organizar, tendo o cuidado de pensar no que o professor precisa, no que ele diz que precisa, faz toda a diferença. E que parece uma coisa óbvia, mas não é óbvio pra todo mundo. Pra mim, pelo menos, não era. E fica o desafio de juntar isso com as coisas que os alunos precisam aprender, né? (Coordenadora Pedagógica Participante).

Neste caso, o depoimento da coordenadora demonstra um importante e laborioso salto reflexivo: pôde perceber que ouvir o professor, mapear seus conhecimentos prévios e necessidades foi o ponto de partida para que ela pudesse compreender melhor o professor, sua prática profissional, bem como para rever o juízo que fazia dele, o que também produziu efeitos para a relação estabelecida entre ambos. Tal percepção foi fundamental para que seu exercício reflexivo também se amplificasse, uma vez que ela depreendeu que a identificação de necessidades formativas não esgotava, por si só, a organização e o desenvolvimento do seu trabalho, como formadora. Ao afirmar que ficava o desafio de articular tais necessidades ao que os estudantes precisavam aprender, ela demonstra ter compreendido que precisava articular essa ação à proposta pedagógica da escola, por exemplo. Destaca-se, ainda, em seu depoimento, o quanto a construção de uma relação de confiança teve um papel importante para a sua ação formadora.

O depoimento em questão fez todo o grupo de coordenadoras participantes do estudo trazer experiências semelhantes e avançar em suas reflexões acerca do tema:

> É assim, gente, essa é a vida. É humano, tem a ver com as relações, a gente precisa sentir confiança. A gente tem que pensar em jeitos dos professores confiarem na gente, no nosso trabalho. A gente também demora pra confiar, não é? A gente também não vai confiando nos outros assim... Foi assim aqui... A gente agora confia, mas no começo a gente tinha receio. Não é?

A conclusão anterior sugere uma percepção de que a legitimidade do papel das coordenadoras era algo a ser construído e que elas a denominaram "confiança". Se tomarmos a bitransitividade do verbo confiar como ponto de reflexão, seu significado se direciona para a entrega de cuidados, colocar algo sob a guarda de uma pessoa, entregar uma responsabilidade a alguém.

Neste caso, confiar é uma palavra importante quando pensamos no papel formador do Coordenador Pedagógico, visto que, em certa medida, quando dizemos que ele tem uma função formadora, torna-se responsável por zelar pelo desenvolvimento profissional dos professores. E, para que isso seja possível, é preciso que haja um nível mínimo de confiança profissional entre coordenadores e professores, para que se construa o engajamento e a confiança necessários à reflexão sobre/nas/das práticas escolares que sustentam essa relação.

O reconhecimento dessa relação, que se expressa na fala "Foi assim aqui... A gente agora confia, mas no começo a gente tinha receio. Não é?", sugere, portanto, que o grupo ponderou que precisava integrar essas percepções ao seu trabalho, tratando-se de um saber profissional.

Como ilustraram os depoimentos selecionados, o levantamento de necessidades formativas dos professores e o mapeamento de conhecimentos prévios dos professores, aliados a outros aspectos – como a consideração do currículo e do projeto político pedagógico das escolas –, puderam auxiliar a organização e o planejamento das coordenadoras participantes do estudo, subsidiando a delimitação do seu campo de atuação e fortalecendo seu compromisso como formadoras.

Algumas considerações

No contexto no qual a investigação ocorreu, cumpre acentuar que o fortalecimento do papel formador, articulador e transformador das participantes ocorreu ao mesmo tempo em que estas passaram a se autovalorizar e elevar o conceito que tinham acerca de si mesmas.

Por meio da análise crítica e da reflexão coletiva acerca de suas práticas, o grupo de coordenadoras foi ampliando seu autoconceito, uma condição importante para que suas formas de pensar e de agir pudessem permitir que se colocassem a elas novas oportunidades de autorregulação profissional, que dizem respeito às formas pelas quais uma profissão é exercida e aos seus modos de supervisão (MONTEIRO, 2015).

Podemos tomar essa experiência como referência para afirmar que, quando alguns parâmetros de ação são definidos, coletivamente, pelas próprias Coordenadoras Pedagógicas, tanto seu autoconceito pode se elevar quanto pode modificar o conceito dos outros sobre elas. Retomando o excerto de Valter Hugo Mãe, ao qual fizemos menção no início deste capítulo, em processos como os relatados no texto, os outros podem até não se tornar "o paraíso", mas no mínimo podem deixar de ser o "inferno".

Esperando que as experiências aqui relatadas possam inspirar novas formas de exercer a coordenação pedagógica, bem como contribuir para que ela alcance o reconhecimento social merecido, concluímos com as palavras de Leminski (1983):

Contranarciso

em mim
eu vejo o outro
e outro
e outro
enfim dezenas
trens passando
vagões cheios de gente
centenas

o outro
que há em mim
é você
você
e você

assim como
eu estou em você

> *eu estou nele*
> *em nós*
> *e só quando*
> *estamos em nós*
> *estamos em paz*
> *mesmo que estejamos a sós.*

Referências

ALMEIDA, Laurinda Ramalho de. A coordenação pedagógica no estado de São Paulo nas memórias dos que participaram de sua história. In: ALMEIDA, L. R.; PLACCO, V. M. N. S. *O Coordenador Pedagógico e o atendimento à diversidade*. São Paulo: Loyola, 2010.

_____. Formação centrada na escola: das intenções à ação. In: ALMEIDA, L. R.; PLACCO, V. M. N. de S. *O Coordenador Pedagógico e a formação centrada na escola*. São Paulo: Loyola, 2013.

ALMEIDA, Laurinda Ramalho; PLACCO, Vera Maria Nigro de Souza (Orgs.). *O Coordenador Pedagógico e questões da contemporaneidade*. São Paulo: Loyola, 2009.

_____. *O Coordenador Pedagógico e o atendimento à diversidade*. São Paulo: Loyola, 2010.

_____. *O Coordenador Pedagógico e o trabalho colaborativo na escola*. São Paulo: Loyola, 2016.

BAUMAN, Zygmunt. *Comunidade: a busca por segurança no mundo atual*. Rio de Janeiro: Jorge Zahar, 2011.

BLOMMAERT, Jan; RAMPTON, Ben. Language and superdiversity. *Diversities*, v. 13, n. 2 (2011). Disponível em: <www.unesco.org/shs/ diversities/vol13/issue2/art1>. Acesso em: 2 maio 2018.

BRITZMAN, Deborah P. O que é essa coisa chamada amor: identidade homossexual, educação e currículo. *Educação e Realidade*, Porto Alegre, v. 21 (1996) 71-96.

FERRY, Gilles. *Pedagogía de la formación*. Buenos Aires: Novedades Educativas, 2008.

FREIRE, Paulo. *Pedagogia do oprimido*. Rio de Janeiro: Paz e Terra, 1987.

_____. *Pedagogia da autonomia: saberes necessários à prática educativa*. São Paulo: Paz e Terra, 2015.

HOUAISS, Antônio. *Dicionário Houaiss da Língua Portuguesa*. Rio de Janeiro: Objetiva, 2001.

LEMINSKI, Paulo. *Caprichos e Relaxos*. São Paulo: Brasiliense, 1983.

MÃE, V. H. *A desumanização*. São Paulo: Cosac Naify, 2014.

MONTEIRO, A. R. *Profissão Docente: profissionalidade e autorregulação*. São Paulo: Cortez, 2015.

NASCIMENTO, Milton & BORGES, Lô. Tudo o que você podia ser. In: NASCIMENTO, Milton & BORGES, Lô. *Clube da Esquina*. Odeon, 1972. Faixa 1. 1 CD.

PEREIRA, R. *O desenvolvimento de um grupo de Coordenadoras Pedagógicas iniciantes: movimentos e indícios de aprendizagem coletiva, a partir de uma pesquisa-formação*. Tese de doutorado. São Paulo: Pontifícia Universidade Católica de São Paulo, 2017.

PLACCO, V. M. N. S; ALMEIDA, L. R.; SOUZA, V. L. T. *O Coordenador Pedagógico (CP) e a formação de professores: intenções, tensões e contradições*. (2011). Disponível em: <http://www.fvc.org.br/pdf/livro2-04-coordenador.pdf>. Acesso em: 4 maio 2018.

PRÍNCEPE, Lisandra Marisa. *Necessidades formativas de educadores que atuam em projetos de educação não formal*. Dissertação de mestrado. Programa de Estudos Pós-Graduados em Educação: Psicologia da Educação. São Paulo: Pontifícia Universidade Católica de São Paulo, 2010.

RODRIGUES, A. *Análises de Práticas e de necessidades de formação*. Lisboa: Direção Geral de Inovação e de Desenvolvimento Curricular, 2006.

ROLDÃO, Maria do Céu. *Função docente: natureza e a construção do conhecimento profissional*. (2005) Disponível em: <http://www.scielo.br/pdf/rbedu/v12n34/a08v1234.pdf>. Acesso em: 5 nov. 2015.

SEIXAS, Raul; COELHO, Paulo. Gita. In: SEIXAS, Raul. *Gita*. São Paulo, Gravadora Universal (1974) 1989a. Faixa 1.1CD.

SILVA, T. T. *Documentos de identidade: uma introdução às teorias do currículo*. Belo Horizonte: Autêntica, 2015.

SOUSA, Clarilza Prado de; PLACCO, Vera Maria Nigro de Souza. Mestrados profissionais na área de Educação e de Ensino. *Revista da FAEEBA – Educação e Contemporaneidade*, Salvador, v. 25, n. 47 (2016) 23-35.

VIANNA, Claudia Pereira. A feminização do magistério na educação básica e os desafios para a prática e a identidade coletiva docente. In: YANNOULAS, Silvia Cristina (Org.). *Trabalhadoras: análise da feminização das profissões e ocupações*. Brasília: Abaré, 2013, 159-180.

WEIL, Simone. *O enraizamento*. Bauru: Edusc, 1997.

As Coordenadoras Pedagógicas[1] e a formação continuada: percursos singulares a favor da aprendizagem de todos

Guilherme do Val Toledo Prado[2]
toledo@unicamp.br
Grace Caroline Chaves Buldrin Chautz[3]
gbuldrin@gmail.com
Heloísa Helena Dias Martins Proença[4]
heloisamartinsproenca@gmail.com
Renata Barroso de Siqueira Frauendorf[5]
rsfrauendorf@globo.com

Na incompletude da relação, possibilidades de parcerias enriquecedoras na escola

Guarda num velho baú seus instrumentos de trabalho:
1 abridor de amanhecer

---

1. Optamos por trabalhar com a flexão no gênero feminino, não só porque as Coordenadoras Pedagógicas e formadoras do texto são do sexo feminino, como também em vários estudos elas são maioria no âmbito das profissionais estudadas.
2. Professor Livre-Docente do Departamento de Ensino e Práticas Culturais da Faculdade de Educação da Unicamp.
3. Mestra em Educação pelo Departamento de Ensino e Práticas Culturais da Faculdade de Educação da Unicamp.
4. Doutoranda em Educação pelo Departamento de Ensino e Práticas Culturais da Faculdade de Educação da Unicamp.
5. Doutoranda em Educação pelo Departamento de Ensino e Práticas Culturais da Faculdade de Educação da Unicamp.

> *1 prego que farfalha*
> *1 encolhedor de rios – e*
> *1 esticador de horizontes*
> (Manoel de Barros, "Pode um homem enriquecer a natureza com a sua incompletude?")

Atuarmos direta ou indiretamente no espaço da ESCOLA, seja como Coordenadoras Pedagógicas ou como formadoras de Coordenadoras Pedagógicas, e vivenciar, cotidianamente, os desafios e as agruras que a realidade nos impõe, não nos permite ficar estáticas diante de tantas adversidades, principalmente porque nos sentimos responsáveis em contribuir com o trabalho da equipe docente e com o processo de aprendizagem dos alunos. A fim de romper com o imobilismo impetrado pelo sistema massacrante, que nos induz à lógica de que as coisas são assim mesmo e/ou que somente se tivermos mudanças impositivas, arbitrárias, conseguiremos vencer, vamos buscando alternativas, caminhos, na tentativa de encontrar brechas que nos permitam seguir em frente vislumbrando possibilidades. Certamente, o sentimento de pertença a grupos de estudo e o encontro com profissionais que trilham por estradas parecidas nos fazem sentir menos solitárias. Assim aconteceu conosco e, embora nossos percursos profissionais sejam bem distintos, nos encontramos como pesquisadoras no Grupo de Estudos e Pesquisa em Educação Continuada (GEPEC) da Faculdade de Educação da Unicamp, sob a orientação do Professor Dr. Guilherme do Val Toledo Prado, onde tivemos a oportunidade de sistematizar nossas produções profissionais em diálogo com pesquisas acadêmicas e estudos mais aprofundados sobre o papel das Coordenadoras Pedagógicas como formadoras dentro da escola (CUNHA, 2006; FERREIRA, 2013). Partilhamos da concepção de que:

> a formação corresponde a uma transformação pessoal, interior e ligada à experiência de cada sujeito que se permite – e se possibilita – mudar pelo conhecimento construído neste processo. Assim, é o sujeito que se forma. Dado o nosso permanente inacabamento, estamos destinados a nos formarmos. Porém, embora a

formação corresponda a um acontecimento de ordem individual, ninguém se forma sozinho. Formamo-nos na relação e interação com o(s) outro(s) (FERREIRA, 2010, 5).

No entanto, quem somos nós (coordenadoras, formadoras) dentro desse universo escolar?

Nessa organização, estamos sempre implicados com a figura do outro, o que sugere uma relação de confiança, que gera esperança em um porvir de significados, que só pode acontecer na/em relação, como anunciado por Freire (2010) e Bakhtin (2010). Pois, em relação, pessoas diferentes e singulares ajudam a compor um campo de alternativas e possibilidades que não podem ser percebidas em campos monológicos. Em diálogo, constante e permanente, alternativas surgem para o combate aos desafios cotidianos.

Morin (2011, 31) problematiza: "o dever principal da educação é de armar cada um para o combate vital para a lucidez". O autor nos fala da importância de conhecermos o mundo como necessidade intelectual vital, tornando evidente o *conhecimento do contexto*, o que nos move a pensar sobre quem somos nesse enredo, tornando os processos de interpretação (VOLOCHÍNOV, 1979 [1929]) essenciais para o funcionamento cognitivo. Além disso, frisa o *conhecimento entre o todo e as partes*, esclarecendo que a sociedade, como um todo, está presente em cada indivíduo, presente na linguagem, no saber trazido, em suas obrigações e em suas normas. Traz o *conhecimento multidimensional* do humano, que, ao mesmo tempo, é biológico, psíquico, social, afetivo e racional. E por fim, o *conhecimento complexo*, que tem na raiz da palavra o significado de "tecido junto" (MORIN, 2011).

Conhecimentos que nos são apresentados todos os dias no cotidiano da escola. E que, constantemente, tornam-se desafios que, se, por um lado, nos paralisam, por outro, nos movem, em uma ambiguidade[6] (BENJAMIN, 1989a, 1989b, 1994) necessária para sobreviver nessa trama tecida na escola. Trama cujos fios são

---

6. Tomamos o conceito de *ambiguidade* trabalhado por Walter Benjamin, ao construir a ideia de que o ambíguo não é a polarização dicotômica das posições,

constituídos pela/na relação humana, basicamente estudante-adulto, estudante-estudante, adulto-adulto, cada qual em sua singularidade, compondo uma peça única quando em interação, o que dotará de significados e provocará diferentes efeitos de sentido àquilo que somos nesse espaço denominado escola. Espaço do conhecimento! Espaço de vida!

Pensando nessa trama constituída pela relação humana, temos observado em nossas experiências uma questão que muitas vezes inquieta, perturba, aflige as Coordenadoras Pedagógicas na sua relação de parceria[7] (CANÁRIO, 1998) com as professoras e professores, a favor da aprendizagem dos alunos e alunas. Inquieta-as, perturba-as, aflige-as, porque, embora tenham consciência de seu papel como formadoras, deparam-se com barreiras, recusas, surdez a momentos de relacionamento e troca com algumas docentes. Por outras vezes são as docentes que se queixam dessa ausência física, social ou afetiva das Coordenadoras Pedagógicas. Muitas professoras nos dizem ter a impressão de que elas sempre têm coisas mais urgentes e importantes a fazer que as escutar e acolher em sua preocupação.

De acordo com Placco e Almeida (2003, 52),

> [...] urge que o Coordenador Pedagógico educacional se dê conta da necessidade de pausas que lhe possibilitem – e aos demais educadores da escola – momentos fundamentais de relacionamento e trocas que "afinem" sua comunicação e seu entendimento sobre as pessoas, o que lhes possibilitará, simultaneamente, diálogo e compreensão, parcerias e solidariedade entre os profissionais, no caminho de reflexões que gerem soluções mais aprofundadas

---

mas uma simultaneidade de ações opostas que exercem forças em contraposição nas ações cotidianas, marcadas por um mundo que é ambíguo e contraditório.

7. Definimos *parceria* como um trabalho marcado fortemente pela presença da interformação ou formação entre pares sejam estes compostos por alunos, professores e/ou formadores, assumindo como referência as ideias de Canário (1998), que a define como uma situação de trabalho e dos processos de formação dentro de uma dimensão relacional e coletiva.

e criativas quanto aos obstáculos e problemas emergentes no caminho do cotidiano, relações mais ricas e profícuas entre todos os educadores e educandos da escola.

Então nos perguntamos: essa parceria é de fato sempre bem-vinda? O desejo pelo diálogo é partilhado por ambos os profissionais? O que fazer diante da recusa à iniciativa de apoio? O que fazer diante da recusa do pedido de ajuda? De quem é a responsabilidade pela aprendizagem dos alunos? Questões como essas, entre outras tantas, também passam pela cabeça das Coordenadoras Pedagógicas, sejam iniciantes ou experientes, e de professores e professoras, principalmente, quando se veem diante de ações contrárias a esse movimento de solidariedade, compreensão, concebido como parte do processo de formação, o que em muitos casos pode acabar fragilizando sua autoestima como profissional e empurrando esse profissional para um isolamento e distanciamento das ações de formação que lhe são atribuídas, alimentando o *status quo* de uma certa ideia de instituição.

> A escola é resultado da produção de seus atores internos. Para que seja efetivamente transformada, é necessário que mude as crenças, valores e atitudes destes atores, porque são eles que produzem suas ações diretamente com os estudantes. Os agentes externos à escola podem colaborar e possibilitar, por meio de diferentes estratégias, porém as mudanças só ocorrerão se mudar a forma de interação no próprio contexto escolar. A tradição da instituição escolar foi construída de forma a compartimentalizar, fragmentar o conhecimento e este fator desenvolveu uma cultura individualista. É fundamental a passagem desta cultura do individual para uma prática colaborativa (PROENÇA, 2014, 167).

Neste texto, desejamos narrar nossas experiências, partilhando reflexões, soluções, inquietações, ações, no sentido de reverter essa cultura individualista, a favor de uma atitude cada vez mais colaborativa, tanto por parte das formadoras, das Coordenadoras Pedagógicas, como de professoras e professores.

Construir em colaboração as relações de ensino e aprendizagem de todos os estudantes

A maior riqueza do homem é sua incompletude.
(Manoel de Barros)

No relatório da pesquisa: "O Coordenador Pedagógico e a formação de professores: intenções, tensões e contradições", feito pela Fundação Carlos Chagas, por encomenda da Fundação Victor Civita, as autoras Placco, Almeida e Souza (2011) apresentam dados que nos fazem refletir sobre a urgente necessidade de aprofundar o estudo sobre a aprendizagem das Coordenadoras Pedagógicas na interação com professores, ao problematizarem o grau de implicação com a aprendizagem dos alunos que as coordenadoras e coordenadores pesquisados revelaram. As autoras afirmam que essas coordenadoras consideraram que os agentes mais importantes para a aprendizagem dos alunos são, em primeiro lugar, o professor, seguido de família, alunos, governo, direção da escola e, em último lugar, da coordenação pedagógica.

Esses dados nos fazem pensar no quanto as Coordenadoras Pedagógicas se sentem, ou não, comprometidas com o processo de aprendizagem dos alunos e alunas. Processo que pode ser favorecido por conta das ações de formação propostas por elas no contexto escolar. Entretanto, esta não implicação com o processo formativo, de certa forma, as desresponsabiliza pelos resultados e pela assunção da formação como algo intrínseco ao seu papel. Este aspecto de pouca corresponsabilização pelas aprendizagens dos estudantes mostra-se como uma incoerência nas respostas das próprias coordenadoras, que, nessa mesma pesquisa, colocam como característica do bom coordenador e da boa coordenadora "saber elaborar propostas pedagógicas interessantes, buscar melhorias constantes para o ensino/aprendizagem/dificuldades dos alunos, ter organização no trabalho, ter responsabilidades".

Enfim, esta pesquisa reitera a necessidade de compreender as atribuições e práticas do Coordenador e Coordenadora Pedagógicos e, ao mesmo tempo, fundamentar princípios para suas ações como possibilidade de produzir "inéditos viáveis" (FREIRE, 1992, 98). Ações que são marcadas pelas suas experiências, crenças, mas também por aquilo que apreendem nas relações com: estudantes, professores, funcionários, familiares; com os conteúdos estudados, aprofundados seja nas Atividades de Trabalho Pedagógico Coletivo (ATPC), seja nos momentos de acompanhamento individual, seja nos imprevistos que fazem parte do cotidiano escolar.

Diante dessa constatação, nos salta aos olhos a necessidade de se cuidar dos processos de interação entre os diferentes sujeitos que habitam a escola em seu dia a dia. Recuperar a história dessas interações, as condições que as produziram, os contextos, nos faz compreender como o social produz o sujeito singular, o que também é sustentado pelas palavras de Pino (2000, 66): "é pelo outro que o eu se constitui em um ser social com sua subjetividade".

Temos sentido na pele, como Coordenadoras Pedagógicas e formadoras de coordenadores, o grande nó que tem sido defender essa ideia da aprendizagem em interação e colaboração, principalmente, entre os adultos. Diferentemente do que ocorre quando se pensa em interação e colaboração no trabalho com as crianças (primordialmente de uma mesma sala), perspectiva que parece estar incorporada e ser bem-aceita, ao menos no discurso. Sabemos que essa mudança de paradigma dificilmente consegue ser concretizada e levada adiante apenas por uma pessoa, por isso nossa intenção não é a de responsabilização da coordenadora, mas a de problematizar algo que está enraizado na cultura escolar.

> É imprescindível a formação de uma equipe cooperativa de trabalho, que se apoie mutuamente para trabalhar nas necessidades identificadas, que reflita em conjunto, socialize ideias e as conquistas alcançadas. Assim, as possibilidades de transformação da prática cotidiana são responsabilidades de toda a equipe apoiada pelo formador (CARVALHO; KLISYS; AUGUSTO, 2006, 78).

Por fim, as histórias vividas e partilhadas por cada uma de nós, na relação com a escola, sejam direta ou indiretamente, ajudam-nos a refletir melhor sobre as diversas situações que perpassam pelo cotidiano escolar, colaborando para ampliar nosso olhar sobre esta instituição com a qual escolhemos desenvolver nossa vida profissional por compactuar com a ideia de que

> Essas aproximações em interação [...] permitem uma certa intimidade não só com os sujeitos envolvidos, mas também com o contexto e com as condições de produção dessas relações, pois, a partir de histórias e experiências distintas, produzimos novas histórias, novas experiências que se tornam compartilhadas (FRAUENDORF, 2016, 75).

Com base na produção de narrativas sobre as experiências singulares que realizamos profissionalmente, nós vamos construindo sentidos para o trabalho que realizamos e compartilhamos com o grupo profissional a que pertencemos. Segundo Benjamin (1994, 114),

> uma vivência, algo pelo qual simplesmente eu passei, eu atravessei, ou algo que me aconteceu, ela não é nada se ela não puder ser transformada em alguma narrativa compartilhável e transmissível ao grupo ao qual eu pertenço. É a transmissão, é o compartilhar, que transforma a vivência em experiência.

Assim desejamos realizar um exercício de partilha e construção de conhecimento em colaboração com você, leitor. Para isso, selecionamos três narrativas, entre tantas produzidas, que revelam caminhos (entre nós e) por nós percorridos no sentido de estabelecer parcerias e contribuir para desenvolver ações colaborativas no contexto escolar, tanto no lugar de Coordenadora Pedagógica experiente, de Coordenadora Pedagógica iniciante e de formadora de coordenadores. De forma alguma nossa intenção é apresentar essas experiências como verdades absolutas, porque partimos do princípio de que ocorreram em determinados contextos, com pessoas que possuem histórias e saberes, num tempo e momento definidos. Nossa intenção com essa partilha é de oferecer esperança, inspiração, possibilidades e encorajamento para se pensar uma realidade outra, quiçá mais colaborativa e menos individualista em tempos em que esse desejo quase chega a ser uma utopia!

Entre EU fazer sozinha e NÓS fazermos juntas...

> [...] tecer era tudo o que queria(mos) fazer.
> (Marina Colasanti, *Doze reis e a moça no labirinto do vento*, 2006)

> Campinas, 22/03/2011.
> *Heloísa H. D. M. Proença*
> *Registros do Caderno da Coordenadora Pedagógica*
>
> Ontem, na escola, a professora do 5º ano me procurou logo no início da manhã e aparentava uma urgência para conversar. Estava cheia de papéis nas mãos; entre eles, as atividades de Avaliação Formal[5] de uma das suas alunas.
> — Helô, posso falar AGORA com você?
> Creio que tenha feito a pergunta nestes moldes porque às segundas-feiras temos prática de atendimento individual na escola e aquele não era o horário agendado para nossa conversa semanal.
> — Claro que sim! — respondi prontamente, ao ler em seu corpo, principalmente nos olhos, a urgência desta conversa.
> — Estou muito preocupada com esta aluna. Ela escreveu igualzinho está na apostila na avaliação inteira. Olha isso! – E me mostrou o verso de uma das folhas da avaliação, todo escrito.
> Percebi que o momento precisava de uma atenção especial, nos sentamos em uma das mesas da cantina da escola. Demorou um pouco até que eu entendesse a angústia da professora. Conforme ela foi se acalmando, consegui entender que ela não achava que a aluna havia "colado" na avaliação. Confesso que até este momento imaginei que era este o ponto principal de sua angústia. Na verdade, ela estava muito preocupada em saber se sua

> aluna estava compreendendo os conteúdos e conceitos estudados ou "decorando" para fazer avaliações.
> Achei prudente conversar com a aluna. Ela estava no intervalo de uma das atividades da aula de Educação Física. Quando a chamei, veio toda faceira, balançando os cabelos para lá e para cá.
> Eu disse:
> — Nós estávamos lendo sua atividade de avaliação e percebemos que você escreveu tudo com muitos detalhes, muito parecido com os textos que estão na apostila. Conta pra gente como você estuda.
> — Ah! Eu estudo todos os dias com a ajuda da minha mãe. Grifo as partes mais importantes com caneta marca-texto, copio num caderno de estudos e depois memorizo tudo. Minha mãe faz as perguntas e eu respondo.
> A naturalidade das palavras pronunciadas nos deixou (eu e a professora) sem "*outras palavras*". Naquele momento, eu não tinha o que dizer. Precisava digerir como na digestão complicada de alimentos gordurosos. Senti um misto de angústia e dor. Disse à aluna que havia entendido e ela poderia voltar para a próxima atividade da aula de Educação Física. Ela repetiu os mesmos movimentos de quando veio. Eu e a professora ficamos inertes por alguns instantes, depois decidimos que seria bom conversar com a mãe e a aluna em outro momento. Tomei as providências para agendar essa conversa com a mãe.

Procurando compreender a narrativa do vivido, percebemos que o olhar atento da professora foi fundamental nesse processo de buscar compreender o que se passava com a aluna. E buscar a ajuda com a coordenadora, nesse processo, indicia uma possibilidade de parceria estabelecida. A professora poderia não ter achado estranha a produção da estudante, poderia ter atribuído um "**grande dez**" à aluna e tudo continuaria do mesmo jeito de sempre: **a escola fingindo que ensina e o aluno fingindo que aprende**.

Possivelmente esta seria a atitude de uma boa parte dos profissionais da escola, mas não foi isso que essa professora fez. Colocou-se em reflexão. Questionou-se. Indignou-se. Movimentou-se para compreender melhor a situação e transformá-la.

> O contexto prático é diferente do contexto de pesquisa de várias e importantes maneiras, todas vinculadas ao relacionamento entre mudar as coisas e entendê-las. O profissional tem um interesse em mudar a situação do que ela é para algo que mais lhe agrade. Ele também tem um interesse em compreender a situação, mas a serviço de seu interesse na mudança.
> Quando o profissional reflete-na-ação, em um caso que ele percebe como único, prestando atenção ao fenômeno e fazendo vir à tona sua compreensão intuitiva dele, sua experimentação é, ao mesmo tempo, exploratória, teste de ações e teste de hipóteses. As três funções são preenchidas pelas mesmas ações. E desse fato deriva o caráter distintivo da experimentação na prática (SCHÖN, 2000, 65).

Neste momento, a professora e a coordenadora experimentaram uma prática que as mobilizou, gerando ações condizentes com os horizontes expressivos (BAKHTIN, 2011) estabelecidos pela relação constituída. As duas profissionais, preocupadas com a aprendizagem real da aluna, colocaram-se em movimento, produziram, juntas, a abertura de uma porta de passagem[8].

> Não é o passado que lança luz sobre o presente ou que o presente lança sua luz sobre o passado; mas a imagem é aquilo em que o ocorrido encontra o agora num lampejo, formando uma constelação. Em outras palavras: a imagem é a dialética na imobilidade. Pois, enquanto a relação do presente com o passado é puramente temporal e contínua, a relação do ocorrido com o agora é dialética – não é uma progressão, e sim uma imagem, que salta. – Somente

---
8. Usamos esse termo com base na leitura da obra *Passagens*, de Walter Benjamin (2009), em que o autor trabalha com a dualidade histórica da chegada da modernidade na cidade de Paris, colocando em jogo o passado e o futuro nas relações de transformação vividas no presente.

as imagens dialéticas são imagens autênticas (isto é: não arcaicas), e o lugar onde as encontramos é a linguagem. Despertar [N 2ª, 3] (BENJAMIN, 2009, 504).

O registro nos coloca a pensar sobre como os diálogos entre a Coordenadora Pedagógica e a professora se constituem. Teria esta professora procurado pela coordenadora para falar de sua angústia, fora do espaço institucionalizado para essas conversas, se não houvesse uma relação de cumplicidade entre o trabalho dessas profissionais? O que fez a professora buscar outra opinião? O que autorizou a coordenadora a conversar tranquilamente com a aluna?

Um fragmento é sempre um pedaço, uma parte, um pequeno intervalo do acontecimento, portanto possui os limites desse recorte espaçotemporal. Assim tecemos nossas impressões tomando como ponto de reflexão a narrativa do acontecimento, no limite da experiência compartilhada em registro.

De acordo com Alarcão e Tavares (2003, 59),

a supervisão da prática pedagógica deverá ser uma atividade de mútua colaboração e ajuda entre os agentes envolvidos no processo numa atitude de diálogo permanente que passe por um bom relacionamento assente na confiança.

Entendemos que a colaboração deve se dar nas situações do cotidiano e se, para a professora, a situação relatada era importante, não caberia à coordenadora dizer para não se preocupar com isso, como realmente não fez. Ao contrário, acolheu a professora na cantina e conversaram. Entendemos que o fato de essa conversa ter acontecido na cantina, um dos espaços considerados mais informais da escola, indicia duas possibilidades: certa informalidade no tratamento mútuo entre a professora e a coordenadora, que pode significar uma proximidade na relação socioafetiva das duas; mas também o respeito da coordenadora ao que a professora considerou urgente. Na urgência cabem as ações imediatas, não a espera.

Além disso, as duas profissionais se colocam numa posição de olhar para o acontecimento com cuidado. Procuram entender efetivamente o que aconteceu e não ficaram satisfeitas com o fato de a aluna ter respondido tudo corretamente numa avaliação.

Demonstraram que não estavam preocupadas apenas com o resultado da atividade, mas com o processo de aprendizagem da aluna. Recorrendo a Alarcão e Tavares (2003, 41), que vão nos dizer da "supervisão como processo intrapessoal e interpessoal de formação profissional que visa à melhoria da educação nas escolas", podemos perceber nesta relação de trabalho tanto os aspectos relacionais entre as duas profissionais quanto a preocupação com a efetiva aprendizagem da aluna, numa ação de reflexão conjunta e colaborativa.

Os procedimentos educacionais precisam ser refletidos com profundidade, com cuidado, e não podem ser tomados como algo corriqueiro. É necessário tempo para pensar, discutir, refletir e construir propostas coletivas para o trabalho, fatores que evidenciam a necessidade da construção de uma escola reflexiva, que pode ser entendida como

> [...] organização que continuamente se pensa a si própria, na sua missão social e na sua estrutura e se confronta com o desenrolar da sua atividade num processo heurístico simultaneamente avaliativo e formativo (ALARCÃO, 2002, 220).

É numa perspectiva de trabalho que favorece o desenvolvimento de ações coletivas que as possibilidades de instauração de uma perspectiva mais reflexiva na escola se tornam mais efetivas. Defendemos, portanto, que a parceria profissional e o diálogo são fundamentais para um trabalho profissional a favor da aprendizagem dos estudantes.

Campinas, 07/2013.
Renata Frauendorf
Registros do Caderno da Formadora
de Coordenadores[9]

Em 2012, o eixo central das formações com os professores coordenadores da rede estadual foi a prática

---

9. Esse registro faz parte de uma ação realizada pela formadora no Programa Ler e Escrever – SEE/SP no ano de 2013.

de leitura com foco inicial na leitura compartilhada\
colaborativa e depois na fluência leitora. Esse conteúdo
tornou-se uma demanda à medida que observávamos
que os alunos de 5º ano tinham como ponto frágil a
compreensão leitora dos textos que lhes eram oferecidos, em diferentes circunstâncias. Essas constatações
provinham de informações reveladas tanto pelas falas de
alguns professores que diziam: "Os alunos não sabem
interpretar textos"; ou "Os alunos não compreendem o
que leem"; como também pelos resultados das avaliações
externas, como prova Brasil e Saresp.

Diante desse quadro, decidimos coletivamente pelo trabalho com o conteúdo: leitura pelo aluno, mais especificamente, o desenvolvimento da fluência leitora. Finalizamos
o ano com alguns avanços, mas, como sempre, o tempo
da formação não é o tempo da escola e em muitos casos
observei que essa formação pouco chegou ao professor;
consequentemente, ao aluno. Isso ficou evidenciado
no caso do meu grupo, na avaliação final, em que as
professoras coordenadoras revelaram que gostariam de
ter trabalhado mais o conteúdo fluência leitora com as
equipes de professores, pois entendiam a importância
e relevância para contribuir para os alunos do 5º ano e
demais anos a avançarem em sua competência leitora. A
partir disso, o grupo de coordenadores revelou o desejo
de manter esse estudo no ano de 2013.

Atendendo a esse desejo propus aos professores coordenadores a realização de um projeto de parceria de
leitura entre alunos de 5º ano e 2º ano, já realizado no
ano de 2012 por uma escola da rede estadual[10] e que
eu havia acompanhado.

---

10. O projeto Amigos Leitores, uma parceria de leitura entre alunos de 5º
e 2º anos, foi desenvolvido no ano de 2012, na EE Maria de Lourdes Beozzo –
Diretoria de Ensino (DE) em Americana (SP).

> Imaginei nesse momento que, ao desenvolverem e acompanharem o projeto em suas instituições, poderíamos discuti-lo em alguns momentos da formação, rememorando esse conteúdo, pois provavelmente os problemas apresentados nesse acompanhamento nos trariam pontos, aspectos que precisariam de maior entendimento, aprofundamento. Para esse acompanhamento, os professores coordenadores teriam como desafio a escolha de uma sala para fazer o acompanhamento – não deveriam envolver a escola toda nesse primeiro momento – e registrar em forma de portfólio o desenvolvimento do trabalho.
> Aqui também foi intencional a orientação – pois, como eles têm muitas salas para acompanhar, a tendência é, por não darem conta, abandonarem o acompanhamento, ou nem propor ao grupo, já temendo a resistência...
> Até esse momento, não tinha a menor ideia do desdobramento dessa ação e nem se de fato atenderia aos objetivos.

A dimensão do trabalho da Coordenadora Pedagógica como formadora de uma equipe de professores ou professoras tem uma história recente, o que faz ainda prevalecer, em muitos contextos escolares, a ideia da profissional como aquela que "apaga incêndio", ou seja, resolve todos os problemas da escola, desenvolve algumas reuniões, muitas vezes mais burocráticas, entre outras características. Geralmente, a coordenadora se sente frustrada por não observar os avanços nem o envolvimento que gostaria em sua equipe, o que, sem dúvida alguma, vai a desencorajando nessa atuação tão complexa dentro dos muros da escola.

Dessa forma, a proposta do acompanhamento de um projeto de leitura realizado em parceria entre diferentes salas de aula revelou-se um caminho para que essa profissional conseguisse compreender a complexidade da sala de aula em outra perspectiva e o processo de aprendizagem dos alunos como o centro da ação educativa, principalmente por ser um saber construído por esse sujeito no calor de suas ações e mediante as dificuldades que o cotidiano escolar e as relações pessoais vão embutindo em seu fazer.

A ideia central do projeto foi a criação de situações em que alunos maiores liam em voz alta textos literários para os alunos menores, formando uma parceria de leitores (NEMIROVSKY, 2002). Pois "ler implica compartilhar espaços, construir pensamentos e aumentar as aprendizagens e motivações educativas, e isso não é um processo individual, mas coletivo" (GALLART, 2008, 42).

Se, por um lado, esta ação teve como disparador a necessidade de provocar a reflexão sobre o papel da Coordenadora Pedagógica enquanto fomentadora e articuladora de uma comunidade de leitores dentro da escola, aliado à demanda de contribuir para o avanço da competência leitora, principalmente, dos alunos do 5º ano, à medida que observávamos, percebíamos que esses alunos tinham como ponto frágil a compreensão leitora dos textos que lhes eram oferecidos, em diferentes circunstâncias. Por outro lado, o desenvolvimento desse projeto em sala de aula abriu para o professor e professora a perspectiva de compreender que a leitura é um conteúdo cujo significado precisa ser ensinado: planejar situações de leitura que vão além de propor perguntas de interpretação de texto, ou dramatização de textos lidos. Nesse projeto, o produto final perseguido é justamente o momento de leitura entre um parceiro mais experiente e um parceiro menos experiente, o que torna a compreensão do texto muito necessária. O desafio dos alunos é ler para encantar o outro, e não para ser avaliado pelo professor.

Ao longo do projeto, diferentes parcerias foram se concretizando e se tornando possíveis, à medida que as situações de leitura exigiam de um, ou de outro, uma colaboração mais pontual, uma informação, um apoio. Parcerias como professor-aluno; aluno-aluno da mesma sala; aluno-aluno de diferentes faixas etárias; professor-professor, mesmo ano e anos diferentes; professor e professora coordenadora. Parcerias que romperam os espaços das salas de aula e foram ocupando territórios antes pouco explorados como: corredores, pátios, salas de leitura, enfim, lugares que favoreciam o ambiente de troca e respeito não só ao próximo, mas ao momento de profunda aprendizagem.

Na avaliação final do trabalho, ficou nítido, pelos depoimentos, que o envolvimento de diferentes sujeitos havia acontecido e as professoras coordenadoras tinham conseguido vivenciar de forma mais significativa o papel de formadora que, geralmente, só desempenha nos momentos de formação coletiva (ATPC), conforme pode se evidenciar na fala dessa coordenadora:

> Acompanhar o desenvolvimento desse projeto me fez encontrar sentido novamente em minha ação como PC[11]. Esse projeto me possibilitou reafirmar a importância do PC como formador dentro da escola (PCR – DE. Campinas Oeste – Campinas, SP).
>
> O Coordenador Pedagógico, tal qual o professor, tem a tarefa que implica, e talvez dobrado, grande investimento afetivo. Cuidar de seu fazer, cuidar do conhecimento já elaborado, cuidar de seus professores requer envolvimento e desgaste emocional. O compromisso com o desenvolvimento dos professores, que envolve relações com alunos, família e comunidade, pode resultar, sim, produtivo e prazeroso, mas não deixa de ser desgastante. As relações humanas, as relações interpessoais são sempre muito delicadas. Não é fácil conviver com a diferença, aceitá-la, aproveitá-la como recurso. Não é fácil conviver com situações previsíveis e imprevisíveis do cotidiano escolar, principalmente por causa da diversidade e da multiplicidade (ALMEIDA, 2006, 57).

Também foi nítido, pelos diferentes registros, o quanto os alunos avançaram em sua competência leitora e desenvolveram uma leitura mais fluente, porque se envolveram, e muito, na tarefa de ler para outros.

Nessa experiência, professoras coordenadoras reconheceram-se habilitadas a fazer a formação consciente de seus passos, assim como se sentiram coautoras de um projeto que trouxe muitos benefícios

---

11. Na rede estadual de São Paulo, o Coordenador Pedagógico é denominado professor coordenador.

não só relacionados ao desenvolvimento da competência leitora dos alunos, como à possibilidade do fortalecimento de parcerias entre os próprios docentes e Coordenadora Pedagógica. Igualmente a formadora experimentou esse enredamento e diálogo com a escola mesmo estando fisicamente distanciada. Sentiu-se parte do todo!

> *Campinas, 2017.*
> *Grace Caroline Chaves Buldrin Chautz*
> *Registros do Caderno da Coordenadora Pedagógica*
>
> Da inquietude, possibilidades de um trabalho em parceria
> Lembro-me do primeiro dia que o professor de Inglês adentrou a escola para conhecê-la. Ali, sentados naquela sala, não imaginava que estava diante de uma possibilidade de diálogo e crescimento profissional. Tento desenhar para ele toda a dinâmica da escola e suas interfaces. Era como um grande quebra-cabeça para quem adentra a uma rede de ensino tão forte e desejada. O ano de 2016, seu primeiro ano, foi um ano de conhecimento e reconhecimento do espaço. É quando começamos a nos apropriar da burocracia e exigências. Eu, ali, era como a figura da burocracia para aquele professor. Como me desvencilhar disso e começar a ser vista como uma parceira? É o que tentei fazer nesses últimos dois anos na escola. Dar sentido aos registros e desburocratizar as ações. Amenizar o trabalho do professor e da professora, permitindo que se debruçassem no princípio, ou seja, a aprendizagem do/da estudante. Mais do que preencher documentos comprobatórios sobre os Tempos Pedagógicos, tinha como desafio garantir esse tempo de qualidade, tanto para os professores e professoras, quanto para os/as estudantes. Inicio, então, com a proposta de tutoria, logo abraçada pelo professor Vitor, mesmo ele deixando claro que nada sabia sobre como ser um tutor. Inúmeras foram as tentativas, incluindo ligações nas residências convidando e informando as famílias dos

estudantes, busca pelos estudantes selecionados, procura intensiva pelo/pela estudante nos horários designados para a tutoria, conversas sobre as estratégias com os/as estudantes, materiais disponibilizados e muita frustração. O estudante não quer, é o que me dizia constantemente o professor. Aquele tempo precioso estava sendo utilizado, pelo professor, para o apoio às diversas demandas de uma escola de Ensino Fundamental I/II/EJA. O acesso constante do professor me contando sobre sua angústia e responsabilidade a respeito desse tempo pedagógico fez com que eu me deslocasse. Comecei a refletir e estudar sobre possibilidades de trabalho com esse tempo, assim como fiz quando eu e minha parceria coordenadora pensamos no trabalho com a tutoria. Novamente em interlocução com a minha parceria, um novo prisma surge e, com ele, a possibilidade de um redirecionamento do trabalho com esses tempos. Então, apresento a proposta ao professor, que prontamente apoia e inicia seu percurso. Daí o título desse texto: *Da inquietude, possibilidades de um trabalho em parceria*. O professor inicia o trabalho com os estudantes, convoca as famílias, que prontamente aprovam a ideia, e nasce o Grupo de Conversação em Inglês. Oriento o professor a registrar todos os encontros com fotos, vídeos e narrativas que contam sobre os acontecimentos de cada momento. Quando ele vem para a grande roda compartilhar com a equipe sua experiência, nos conta de um tempo de qualidade, em que os/as estudantes comparecem aos encontros sem ausências, conta do desejo de outros estudantes (aqueles que não estão no G1 e G2) de participarem do grupo, conta de uma relação professor-estudantes, em que ambos conseguem vislumbrar a aprendizagem. Vejo em seu olhar felicidade. Ele conta que, em sala de aula, tem adequado o conteúdo à maioria dos estudantes, ou seja, estudantes dos Grupos 3 e 4, bem como a iniciativa dos estudantes que participam do grupo de conversação,

> de ajudar os colegas. Uma potência, uma vez que não podemos olhar para o problema que está diante de nós somente por um viés. Muitas críticas podem surgir, mas o fato é que não posso ter como álibi o discurso que conta de um estudante desinteressado, e que, por esse motivo, o tempo pedagógico não acontece. Não posso me amparar nesse álibi e assistir passivamente aos/às estudantes fracassarem, por não serem atingidos pela aprendizagem. Ora, se o sistema nos massacra, precisamos encontrar brechas possíveis e a parceria com o professor tem contado sobre essa possibilidade. Encerro um ciclo de trabalho, sendo grata pela possibilidade que me foi dada por esse professor, a possibilidade de olhar de modo a me deslocar, de modo a querer buscar alternativas que alcancem os/as estudantes. Todos eles. Aqueles que se sentem prejudicados, uma vez que a indisciplina e o desinteresse da maioria dos estudantes impedem o/a professor de avançar com os conteúdos. Aqueles que, por diversas variáveis, apresentam dificuldades na aprendizagem, seja por defasagem, seja por problemas sociais e pessoais, seja pelo fato de o/a professor não conseguir atingir a zona de desenvolvimento proximal desse estudante singular e de suma importância para a escola, devido à organização engessada do sistema escolar. Mais do que a apreensão dos conteúdos, a força do encontro com o outro que nos constitui.

Nessa narrativa, a Orientadora Pedagógica[12] (OP) iniciante do Ensino Fundamental II e EJA[13] descobriu-se responsável por contribuir com a equipe docente, tendo como pressuposto que a OP é a articuladora no/do tear formativo. Assim, propôs para os professores e

---

12. Na rede municipal de Campinas, o Coordenador Pedagógico é denominado Orientador Pedagógico.
13. EJA é a sigla de Educação de Jovens e Adultos.

professoras a reflexão sobre os Tempos Pedagógicos (TDI/CHP/HP). Tempos que pudessem ser compreendidos como uma possibilidade de organização para que a aprendizagem dos alunos tivesse sentido e fosse efetiva, uma vez que, da maneira que estavam organizados, o mesmo não acontecia. Era preciso um repensar desses tempos e modos de ser/estar no espaço complexo da escola, de forma que atendesse de fato os/as estudantes, principal propósito da instituição.

Essa constatação disparou todo um processo de reflexão com os professores apoiada na discussão dos dados dos Gráficos de Saberes[14] das turmas de 6º ao 9º anos, no 2º trimestre/2017, neste caso, pois olhar para os números com "olhos de ver" (SARAMAGO, 1995) pode nos permitir um deslocar do pensamento, um repensar à procura de brechas possíveis, a fim de se trabalhar na contramão de um sistema enrijecido.

A proposta aos estudantes do Projeto Reforço no contraturno, ao contrário do que se pode pensar, nem sempre tem a adesão que se espera, o que compromete esse Tempo Pedagógico do professor e da professora.

É válido ressaltar que, antes dessa experiência, inúmeras tentativas foram disponibilizadas aos estudantes. Entretanto, se olharmos para os registros dos Tempos disponibilizados, verificaremos que o número de estudantes atendidos não contemplava a defasagem na aprendizagem detectada.

Assim, esta análise/estudo apresentou uma tentativa de se olhar para essa realidade por outro prisma, uma vez que a cultura vivida no espaço da escola pelos(as) estudantes, em relação à palavra REFORÇO, carrega em si a ideia de que o(a) estudante é incapaz. É essa a leitura que infelizmente a maioria dos(as) estudantes faz, por esse motivo, resistindo e não comparecendo nos dias e horários propostos.

Além disso, nem sempre se leva em consideração que um número expressivo de estudantes indicados para o reforço escolar

---

14. Nome do recurso/estratégia utilizado(a) pelos Coordenadores Pedagógicos da Rede Municipal de Campinas, que se refere ao cui(dado) no que diz respeito ao conhecimento sobre a aprendizagem dos estudantes.

necessita utilizar o transporte público para conseguir chegar à escola, um gasto que torna a frequência inviável para muitos.

Aqui, arriscamos que a presente análise/estudo proposta pode ser denominada como sendo um Projeto de Trabalho, vislumbrado a partir da realidade vivenciada.

> Os projetos de trabalho supõem, do meu ponto de vista, um enfoque do ensino que trata de ressituar a concepção e as práticas educativas na Escola, para dar resposta (não "A resposta") às mudanças sociais, que se produzem nos meninos, meninas e adolescentes e na função da educação, e não simplesmente readaptar uma proposta do passado e atualizá-la (HERNÁNDEZ, 1998, 64).

Com o autor Fernando Hernández (1998), reflete-se sobre a necessidade de transgressão e mudança, diante do cenário que afeta a educação escolar. Novamente, não se pode valer da imobilidade, mas, sim, buscar a transgressão como mola propulsora que irá ao encontro da realidade vivenciada. Enfim, optar por um redirecionamento do trabalho com/nos Tempos Pedagógicos, perante a realidade vivenciada.

Diante da proposta, o diálogo estabelecido com a equipe docente foi tenso. Aqui, entende-se a palavra tenso no sentido de "força que está sendo estendida", uma vez que esses diálogos trazem para a arena a reflexão sobre o tipo de "auditório social" (VOLOCHÍNOV, 1979) com o qual se está discursando.

O dado de realidade estava posto. No entanto, o que fazer diante desse dado?

Com o professor de Inglês, esse diálogo se estendeu, e esse fio tensionado alcançou os(as) estudantes. Dessa forma, diante dos dados do seu componente curricular, decidiu, em parceria com a OP, organizar um Grupo de Estudos de conversação em inglês, de modo que não ferisse o princípio da inclusão, ou seja, todo estudante que se interessasse pela participação no Grupo de Estudos seria acolhido, independentemente do conhecimento da língua ou dificuldade apresentada.

A proposta era trabalhar com esses(as) estudantes a necessidade de se posicionar diante da realidade vivenciada, isto é, explicitar que não se tratava de um grupo dos "melhores", mas um Grupo de Estudos para quem desejasse participar.

Então, motivados por uma tentativa de mudança e – por que não? – transgressão, nasceu o Grupo de Estudos de Conversação em Inglês, no qual os(as) estudantes têm comparecido e vivido novas experiências.

Ressaltamos novamente aqui que, se a arquitetura desenhada para a realização de um trabalho pedagógico diferenciado em sala de aula não está atendendo à expectativa de aprendizagem dos(as) estudantes, enquanto equipe docente, faz-se necessário um repensar. De acordo com Imbernón (2011, 15):

> a formação assume um papel que transcende o ensino que pretende uma mera atualização cientifica, pedagógica e didática e se transforma na possibilidade de criar espaços de participação, reflexão e formação para que as pessoas aprendam e se adaptem para poder conviver com a mudança e a incerteza. Enfatiza-se mais a aprendizagem das pessoas e as maneiras de torná-la possível que o ensino e o fato de alguém (supondo a ignorância do outro) esclarecer e servir de formador ou formadora.

É sabido que outros aspectos pedagógicos também devem ser repensados, como a formação continuada e a organização desse saber que circula na escola. Entretanto, especificamente a problematização da fragmentação do saber, da organização das disciplinas e do uso das novas tecnologias nos revela que a Orientadora Pedagógica, seja tecendo ou tensionando os fios, pode vir a fomentar um trabalho reflexivo e dotado de sentidos para professores e alunos.

Da mútua colaboração ao dialogar constante

> *Mover-se é viver, dizer-se é sobreviver. Não há nada de real na vida que o não seja porque se descreveu bem. Tudo é o que somos, e tudo será, para os que nos seguirem na diversidade do tempo.*
> (Fernando Pessoa, Livro do desassossego, 1982)

Como podemos depreender das ações de cada uma dessas profissionais – a construção da cumplicidade e de confiança entre professoras e coordenadoras; as reflexões partilhadas entre coordenadoras, a partir de objetivos comuns, tais como a formação e o desenvolvimento profissional e pessoal de professores; e o aproveitamento dos encontros institucionais para fortalecer o trabalho docente junto aos estudantes –, vemos que a perspectiva de mútua colaboração, como sinalizada por Alarcão (2001, 2002), pode favorecer também o desenvolvimento pessoal e profissional das formadoras, Coordenadoras Pedagógicas e da equipe docente. Dizendo de outro modo, o processo formativo, como elemento contínuo do trabalho em parceria, possibilita um processo de aprimoramento de todos os envolvidos no processo, sem hierarquização de saberes.

Além disso, retomando uma das conclusões sinalizadas por Placco (2012), temos que o fortalecimento do trabalho das Coordenadoras Pedagógicas incide, sobremaneira, nas relações socioafetivas constituídas no cotidiano do trabalho pedagógico escolar. Em cada uma das narrativas dessas profissionais – duas Coordenadoras Pedagógicas e uma formadora de coordenadoras – a relação estabelecida entre elas e as professoras e coordenadoras participantes indica-nos a relevância do estabelecimento de uma cumplicidade construída nos encontros – formais ou informais – a favor do desenvolvimento integral dos estudantes.

Sinalizamos também que cada uma das profissionais, dadas suas histórias e singularidades, assume radicalmente que o estabelecimento de parcerias é constitutivo do trabalho da formação continuada, pois essa parceria é condição para aprimorar novos modos de avaliar, de construir conhecimentos sobre leitura e de desenvolver novos modos de aprender outras línguas, como foram os casos aqui apresentados. A parceria, portanto, não é só princípio orientador do trabalho, mas atitude diária a ser construída nas tramas singulares no cotidiano escolar.

Por fim, consideramos que a atitude diária de estabelecer parceria é instituída pelo diálogo com outras profissionais parceiras, como professoras e estudantes, conforme indicado pelas reflexões propostas por Freire e Shor (1986, 14), pois "o diálogo pertence à natureza do ser humano, enquanto ser de comunicação. O diálogo sela o ato de aprender, que nunca é individual". O que vemos na ação cotidiana de cada uma dessas profissionais é essa assunção da dialogicidade como constituidora das relações estabelecidas entre as professoras e outras coordenadoras a favor dos processos de ensino orientados às aprendizagens dos estudantes.

Referências

ALARCÃO, I. Reflexão Crítica sobre o Pensamento de D. Schön e os programas de formação de professores. In: ALARCÃO, I. (Org.). *Formação reflexiva de professores: estratégias de supervisão*. Coimbra: Porto, 1996, 9-39.

_____. Do olhar supervisivo ao olhar sobre a supervisão. In: RANGEL, M. (Org.). *Supervisão Pedagógica: princípios e práticas*. Campinas: Papirus, 2001. 11-56.

_____. Escola reflexiva e desenvolvimento institucional – Que novas funções supervisivas? In: OLIVEIRA-FORMOZINHO, J. (Org.). *A Supervisão na Formação de Professores: Da Sala à Escola*. Porto: Porto, 2002, 217-237.

ALARCÃO, I.; TAVARES, J. *Supervisão da prática pedagógica: uma perspectiva de desenvolvimento e aprendizagem*. Coimbra: Almedina, ²2003.

ALMEIDA, L. R. O Coordenador Pedagógico e a questão do cuidar. In: ALMEIDA, L. R.; PLACCO, V. M. N. S. (Orgs.). *O Coordenador Pedagógico e questões da contemporaneidade*. São Paulo: Loyola, 2006, 41-60.

BAKHTIN, M.; VOLOCHÍNOV, V. N. *Marxismo e Filosofia da Linguagem*. São Paulo: Hucitec, ⁸1997.

BAKHTIN, M. *Para uma filosofia do Ato Responsável*. Tradução de Valdemir Miotello & Carlos Alberto Faraco. São Carlos: Pedro & João Editores, 2010.

_____. *Estética da criação verbal*. Prefácio à edição francesa Tzvetan Todorov; introdução e tradução do russo Paulo Bezerra. São Paulo: Martins Fontes, ⁶2011.

BARROS, M. *Poesia completa*. São Paulo: LeYa, 2013.

BENJAMIN, W. *Charles Baudelaire, um lírico no auge do capitalismo*, v. 3. São Paulo: Brasiliense, 1989a (Obras Escolhidas).

_____. Experiência e pobreza. In: BENJAMIN, W. (Ed.). *Magia e técnica, arte e política: ensaios sobre literatura e história da cultura*. Tradução de Sérgio P. Rouanet. São Paulo: Brasiliense, ⁷1994, 114-119.

_____. *Magia e técnica, e arte política: ensaios sobre a literatura e história da cultura*. São Paulo: Brasiliense, ⁵1989b, v.1. (Obras Escolhidas).

_____. O Narrador: considerações sobre a obra de Nikolai Leskov. In: BENJAMIN, W. *Magia e técnica, arte e política: ensaios sobre literatura e história da cultura*. São Paulo: Brasiliense, 1994, 197-221.

_____. *Passagens*. Belo Horizonte: Editora UFMG/São Paulo: Imprensa Oficial do Estado de São Paulo, 2009.

CANÁRIO, R. *Gestão da escola: como elaborar o plano de formação?* Lisboa: Instituto de Inovação Educacional, 1998. (Coleção Cadernos de Organização e Gestão Curricular).

CARVALHO, S. P.; KLISYS, A.; AUGUSTO, S. (Org.). *Bem-Vindo, Mundo: criança, cultura e formação de educadores*. São Paulo: Peirópolis, 2006.

CHAUTZ, G. C. C. B. *Abrindo os cadernos da professora que pesquisa a própria prática: escrita narrativa e produção de conhecimento*. Dissertação (Mestrado em Educação). Campinas: Universidade Estadual de Campinas, 2017.

COLASANTI, M. *Doze reis e a moça no labirinto do vento*. São Paulo: Global, [12]2006, 9-14.

CUNHA, R. C. O. B. *Pelas telas, pelas janelas: a coordenação pedagógica e a formação de Professores/as nas escolas*. Tese (Doutorado em Educação). Campinas: Universidade Estadual de Campinas, 2006.

FERREIRA, C. R. Diálogos na/com a formação de professores. In: FALA OUTRA ESCOLA V, Campinas. *Anais*. Campinas: Gepec, 2010, 1-15.

_____. *Labirinto de perguntas: reflexões sobre a formação de professores na e a partir da escola*. Tese (Doutorado em Educação). Campinas: Universidade Estadual de Campinas, 2013.

FRAUENDORF, R. B. S. *A voz de uma professora-formadora que se inventa e reinventa a partir da/com/na escola*. Dissertação (Mestrado em Educação). Campinas: Faculdade de Educação. Universidade Estadual de Campinas, 2016.

FRAUENDORF, R. B. S.; PREVIATELLI, W. M. A contribuição de diferentes atores na formação de alunos leitores. In: IV Congreso Internacional "Nuevas Tendencias en la Formación Permanente del Profesorado". Buenos Aires. *Anais*. Buenos Aires: Untref, 2014, 149-163.

FREIRE, P. *Pedagogia da esperança: um reencontro com a pedagogia do oprimido*. Notas: Ana Maria Araújo Freire. Rio de Janeiro: Paz e Terra, 1992.

_____. *Pedagogia da Autonomia: saberes necessários à prática educativa*. São Paulo: Paz e Terra, [41]2010.

FREIRE, P.; SHOR, I. *Medo e ousadia: o cotidiano do professor*. Rio de Janeiro: Paz e Terra, [5]1986.

GALLART, M. S. Leitura dialógica: a comunidade como ambiente alfabetizador. In: TEBEROSKY, A; GALLART, M. S. *Contextos de Alfabetização Inicial*. Porto Alegre: Artmed, 2008, 41-54.

HERNANDÉZ, F. *Transgressão e Mudança na Educação: os projetos de trabalho*. Porto Alegre: Artmed, 1998.

IMBERNÓN, F. *Formação Docente e Profissional: formar-se para a mudança e a incerteza*. São Paulo: Cortez, ⁹2011, 14 v. (Coleção Questões da nossa época).

MORIN, E. *Os sete saberes necessários à educação do futuro*. Tradução de Catarina Eleonora F. da Silva e Jeane Sawaya. 2. ed. rev. São Paulo: Cortez/ Brasília: Unesco, 2011.

NEMIROVSKY, M. *O Ensino da Linguagem escrita*. Porto Alegre: Artmed, 2002.

OLIVEIRA, M. L. R. de. O papel do gestor pedagógico intermédio na supervisão escolar. In: ALARCÃO, I. (Org.). *Escola Reflexiva e Supervisão – Uma escola em desenvolvimento e em aprendizagem*. Porto: Porto, 2000, 43-54.

PESSOA, F. *Livro do desassossego*: composto por Bernardo Soares, ajudante de guarda-livros na cidade de Lisboa. Organização Richard Zenith. São Paulo: Companhia das Letras, ³2011.

_____. *Livro do desassossego por Bernardo Soares*. (Recolha e transcrição dos textos de Maria Aliete Galhoz e Teresa Sobral Cunha. Prefácio e organização de Jacinto do Prado Coelho). Lisboa: Ática, 1982, v. II.

PINO, A. O social e o cultural na obra de Lev. S. Vigotski. In: *Educação e Sociedade*, ano XXI, n. 71 (2000) 45-78.

PLACCO, V. M. N. S. O Coordenador Pedagógico no confronto com o cotidiano da escola. In: PLACCO, V. M. N. S.; ALMEIDA, L. R. (Orgs.). *O Coordenador Pedagógico e o cotidiano da escola*. São Paulo: Loyola, ⁹2012, 47-60.

PLACCO, V. M. N. S.; ALMEIDA, L. R. (Orgs.). *O Coordenador Pedagógico e o cotidiano da escola*. São Paulo: Loyola, ³2003.

PLACCO, V. M. N. S.; SOUZA, V. L. T. *Aprendizagem do adulto professor*. São Paulo: Loyola, 2006.

PLACCO, V. M. N. S.; ALMEIDA, L. R.; SOUZA, V. L. T. (Coords.). *O Coordenador pedagógico e a formação de professores: intenções, tensões e contradições*. (Relatório de pesquisa desenvolvida pela Fundação Carlos Chagas por encomenda da Fundação Victor Civita.) São Paulo: FVC, 2011.

PROENÇA, H. H. D. M. *Supervisão da prática pedagógica: percursos formativos em parceria e diálogo com os profissionais da educação*. Dissertação (Mestrado em Educação). Campinas: Faculdade de Educação. Universidade Estadual de Campinas, 2014.

SARAMAGO, J. *Ensaio sobre a cegueira*. São Paulo: Companhia das Letras, 1995.

SAVIANI, D. A supervisão educacional em perspectiva histórica: da função à profissão pela mediação da ideia. In: FERREIRA, N. S. C. (Org.). *Supervisão Educacional para uma escola de qualidade*. São Paulo: Cortez, 2010, 13-38.

SCHÖN, D. *Educando o Profissional Reflexivo – Um novo design para o ensino e a aprendizagem*. Porto Alegre: Artmed, 2000.

VOLOCHÍNOV, V. (BAKHTIN, Mikhail). [1929]. *Marxismo e filosofia da linguagem*: Problemas fundamentais do Método sociológico na Ciência da Linguagem. São Paulo: HUCITEC, 1979.

Percursos formativos e desenvolvimento profissional de Coordenadores Pedagógicos no contexto do Mestrado Profissional em Educação

Monie Fernandes Pacitti[1]
moniefernandes@gmail.com

Laurizete Ferragut Passos[2]
laurizetefer@gmail.com

A diversidade de tarefas a que os formadores de professores são chamados a responsabilizar-se nas escolas vem exigindo uma compreensão desse campo de atuação profissional, que é afetado hoje pelas tensões decorrentes de um cenário social, cultural e educacional desigual e instável e que vem exigindo reflexão e renovação das ações profissionais desses formadores, em especial dos Coordenadores Pedagógicos.

Parte-se do pressuposto de que as condições formativas dos professores que atuam como Coordenadores Pedagógicos nas escolas não têm sido específicas e abrangentes o suficiente para responder pela viabilização, integração e articulação do trabalho pedagógico dos professores e que a busca de novos percursos formativos pode contribuir de forma positiva para o processo de análise, reflexão e renovação das práticas desses profissionais nas escolas.

---

1. Mestre em Educação: Psicologia da Educação pela PUC-SP; Coordenadora Pedagógica da Rede Municipal de Ensino de São Paulo.
2. Professora Doutora do Programa de Estudos Pós-Graduados em Educação: Psicologia da Educação, e Coordenadora do Programa de Estudos Pós-Graduados em Educação Mestrado Profissional: Formação de Formadores, ambos da PUC-SP.

Sabe-se que muitos Coordenadores Pedagógicos assumem o cargo ou função sem qualquer experiência ou conhecimento profissional para o atendimento das tarefas demandadas pela posição que ocupam e necessitam, portanto, de formação para isso. Uma das alternativas encontradas por esses profissionais tem sido o retorno à universidade. Nela buscam apoio teórico e prático para o desenvolvimento de sua tarefa de formador e na direção de ter suas necessidades formativas atendidas. Esse retorno também é motivado pela expectativa de coletivizar suas experiências, seus saberes e, especialmente, compreendê-los de forma situada, bem como de compartilhá-los num processo de interação com seus pares.

É nessa direção que se pretendem apresentar dados de uma pesquisa realizada com cinco Coordenadores Pedagógicos atuantes na rede municipal de ensino da cidade de São Paulo e que vivenciaram um novo percurso formativo, no contexto do Programa de Mestrado Profissional em Educação: Formação de Formadores[3]. Alguns questionamentos conduziram a trajetória da pesquisa e aqui serão discutidos: em quais aprendizagens está assentado esse percurso no Mestrado Profissional? Quais conhecimentos profissionais foram mobilizados? As atividades vivenciadas durante o curso contribuíram para mudanças na prática desses Coordenadores Pedagógicos? Quais e como se deram essas mudanças?

Na direção de esclarecer essas questões, o objetivo da pesquisa ficou assim delineado: *Investigar as contribuições do Programa de Mestrado Profissional Formação de Formadores para o desenvolvimento profissional de Coordenadores Pedagógicos da Rede Municipal de Ensino da cidade de São Paulo.*

O conceito de desenvolvimento profissional nessa pesquisa apoia-se na ideia de que esses coordenadores buscaram formação para melhorar sua atuação, suas competências profissionais. Imbernón pontua que o desenvolvimento profissional

---

3. O Programa foi criado em 2013 e funciona na Pontifícia Universidade Católica de São Paulo (PUC-SP). Será agora mencionado como Formep.

[...] pode ser concebido como qualquer intenção sistemática de melhorar a prática profissional, crenças e conhecimentos profissionais, com o objetivo de aumentar a qualidade docente, de pesquisa e de gestão (2006, 44).

A preocupação com a formação e melhoria das práticas dos professores nas escolas tem sido uma das funções principais dos Coordenadores Pedagógicos, os quais, assim, atuam como um facilitador do desenvolvimento profissional dos professores. E como o CP se mobiliza para o próprio desenvolvimento profissional? Considerado como um processo que se dá a longo prazo e no qual se integram oportunidades e experiências de diferentes tipos (MARCELO, 2009), a compreensão do conceito tem se revelado central, justamente em função das novas formas de compreender o processo de ensino e de aprendizagem.

É nessa direção que Imbernón (2006) destaca duas proposições que podem se tornar arriscadas em relação ao desenvolvimento profissional. Uma delas seria entendê-lo como sinônimo de formação continuada, como se fosse o único caminho para o desenvolvimento profissional. Ele argumenta que a formação é um importante elemento para o desenvolvimento profissional, na medida em que contribui para a reflexão sobre práticas pedagógicas, para o desenvolvimento de conhecimento teórico, dentre outras. A segunda proposição arriscada seria conceber o desenvolvimento profissional apenas como uma ação destinada à melhoria de competências atreladas a habilidades, atitudes, metodologias e prescrições a serem trabalhadas junto ao professor e que, se bem transmitidas, proporcionarão eficiência no ensino e qualidade na aprendizagem dos alunos. Embora esse pesquisador esteja se referindo ao professor, os riscos anunciados em relação ao conceito podem também ser considerados em relação ao Coordenador Pedagógico.

Defendendo a ideia de que o desenvolvimento profissional não acontece de maneira isolada, Vaillant e Gaibisso esclarecem que o conceito pode ser entendido como aquilo que

> [...] se implementa e executa em uma imensidão de formas e ambientes, e envolve muitos atores como diretores, coordenadores

e administradores, dentro e fora dos âmbitos formais de aprendizagem de docentes em serviço (2016, 12).

O Mestrado Profissional (Formep), ao se organizar como um contexto diferenciado de formação de formadores como os anteriormente destacados, apresenta-se como um espaço privilegiado de desenvolvimento profissional. Como um dos objetivos do curso é aprofundar a formação teórico-prático dos formadores dos professores numa perspectiva de formação sedimentada na crítica, na autonomia e no desenvolvimento da pesquisa da prática, entende-se que os formadores podem alargar sua atuação a partir da leitura crítica da sua realidade de trabalho e da escolha de estratégias decorrentes da reflexão e da investigação da sua prática e, com isso, ressignificar seus conhecimentos profissionais.

Dos conhecimentos profissionais: um diálogo com a teoria

Por que os conhecimentos profissionais se constituem em um importante elemento para o desenvolvimento profissional dos Coordenadores Pedagógicos? Quais conhecimentos devem ser revistos ou incorporados no trabalho do Coordenador Pedagógico como ferramenta para apoiar os professores em suas práticas?

A discussão da diferença entre conhecimento formal – aquele advindo da academia – e conhecimento prático – aquele adquirido da experiência profissional – vem sendo realizada por Montero (2001). A pesquisadora reforça a ideia de que o conhecimento prático é extraído dos dilemas práticos encontrados no dia a dia do trabalho. Apoiada em Shulman (1986), a pesquisadora recupera os aspectos essenciais para a construção do conhecimento profissional para o ensino. Para a pesquisa aqui apresentada, o conhecimento e a reflexão sobre esses aspectos se tornam pertinentes ao Coordenador Pedagógico, pois podem auxiliá-lo na busca de subsídios para o trabalho de apoio aos professores.

Um dos aspectos trazidos por Montero (2001) se refere ao conhecimento do conteúdo pedagógico e esse parece ser o mais próprio ao coordenador, em sua tarefa de articulador, formador e transformador (ALMEIDA; PLACCO, 2009) das suas ações e das dos professores. Esse conhecimento ultrapassa uma área específica, pois compreende os conhecimentos relacionados aos processos de ensino e de aprendizagem, conhecimentos essenciais no trabalho do Coordenador Pedagógico. Nesse sentido, o conhecimento das características do aluno, seus processos cognitivos, seus conhecimentos prévios, a maneira como aprende, e ainda o conhecimento do contexto educacional dentro e fora da sala de aula, também compõem uma fonte de saberes para o trabalho formativo dos professores e, de forma mais direta, para a atuação do Coordenador Pedagógico, seja no planejamento do seu trabalho formativo, na seleção de estratégias de trabalho junto aos professores ou ainda nas ações que envolvem interação com professores e alunos. Desse modo, fica ressaltada a importância da sua formação pedagógica, tema pouco explicado e explorado nas pesquisas no campo da formação de professores (RINALDI; REALI, 2012).

Os conhecimentos do conteúdo pedagógico ganham força no trabalho do professor e do Coordenador Pedagógico quando estão alinhados aos conhecimentos adquiridos na formação acadêmica. É dessa relação que esses profissionais, no exercício da prática, podem criar, testar, refutar e transformar esses conhecimentos (MIZUKAMI, 2004).

Desse modo, é dessa integração de conhecimentos que o Coordenador Pedagógico vai adquirindo e também reconstruindo diferentes tipos de saberes em sua trajetória profissional, confirmando, assim, a importância da escola como espaço de aprendizagem profissional para ele e para os professores que nela atuam. É nesse espaço que se concretiza a principal atribuição dos coordenadores: a formação dos professores. No caso desse estudo, o contexto de trabalho dos entrevistados é a Rede Municipal de Ensino da cidade de São Paulo e os momentos formativos acontecem na jornada de trabalho, tanto do professor quanto do coordenador. Logo, é no próprio espaço de trabalho que há oportunidades de integração dos conhecimentos acadêmico-científicos e práticos por meio da reflexão e de atitudes investigativas que podem ser mobilizadas e que se apresentam como fontes de aprendizagem profissional.

Identificar se essas fontes, a reflexão e a atitude investigativa ganharam importância e maior presença no trabalho dos coordenadores aqui pesquisados, a partir da trajetória no Formep, constituiu-se também a intenção da investigação.

O percurso formativo no Formep: conhecendo os Coordenadores Pedagógicos, suas motivações e desafios

Com base no levantamento realizado junto à secretaria do mestrado profissional, foram identificados seis coordenadores da rede municipal ingressantes nas três primeiras turmas do Formep. Cinco deles se dispuseram a participar da pesquisa. Assim, foram realizadas entrevistas com dois ingressantes da turma de 2013; um da turma de 2014 e três de 2015.

Os coordenadores são efetivos no cargo e quatro deles já eram professores da rede municipal e acessaram o cargo por meio de concurso público. Um dado comum em relação à formação profissional é que três deles cursaram o Cefam[4]. A graduação no ensino superior se diferenciou no grupo: um cursou Pedagogia, dois Psicologia, um Letras e um Matemática. Também três deles buscaram especialização em Coordenação Pedagógica, curso oferecido pela própria PUC de São Paulo, o que marca certa similaridade na trajetória antes do ingresso no Formep.

A busca pela formação no Mestrado Profissional indicou uma relação direta entre a motivação para o ingresso e os desafios da prática do Coordenador Pedagógico, sobretudo, no início da carreira. Embora motivados para a escolha, a falta de clareza de seu papel no acesso nesta nova atribuição pode gerar dificuldades e afetar a constituição do desenvolvimento profissional. Guimarães e Villela (2008, 37) pontuam o seguinte:

---

4. O Centro de Formação e Aperfeiçoamento do Magistério (CEFAM) foi um projeto delineado pela Coordenadoria do Ensino Regular do Segundo Grau do Ministério da Educação com a finalidade de apoiar pedagógica e financeiramente as unidades da Federação que manifestassem interesse em desenvolver ações na área do magistério. Ver Almeida (2015).

[...] muitas vezes a escola funciona a partir do equívoco de que todos sabem o que ela significa para si e para o outro, subentende-se que todos estão lá por uma única razão, que todos sabem seu papel, que todos conhecem seu ambiente de trabalho e sua dinâmica.

E é em meio a essa possível imprecisão que o Coordenador Pedagógico ingressa no cargo, muitas vezes movido pela ideia de que sua experiência como professor na sala de aula pode reverberar no trabalho de outros professores da escola. Rosângela revela que foi essa ideia que a motivou a assumir o cargo:

> Quando eu passei [no concurso], eu fiquei pensando: nossa, ah, pode ser legal, de repente eu consigo fazer em outras salas o que eu faço na minha sala, mas que eu não consigo fazer com mais pessoas. Então, como coordenadora, eu tinha essa possibilidade. Eu comecei a pensar assim e aí eu assumi o cargo (Rosângela).

O desenvolvimento profissional é um processo que inclui também todas as experiências de aprendizagem dos professores e pode ser destacado como "[...] um processo mediante o qual os professores, sós ou acompanhados, reveem, renovam e desenvolvem o seu compromisso como agentes de mudança" (DAY, 1999, 4). As coordenadoras entrevistadas mostraram que estavam nesse processo de aprendizagem e se sentiam desafiadas a assumir uma nova função:

> Eu gosto muito de aprender, de estar sempre aprendendo, isso me motiva. Então chegou uma hora que eu queria aprender coisas novas, e o papel de coordenadora sempre pensei que teria que saber... estar à frente dos professores. Então eu teria que estudar muito, e para socializar também os saberes e as informações (Lilian).

> Eu resolvi ser Coordenadora Pedagógica, porque eu sempre fui uma pessoa descontente, assim, nunca achei que o que eu estava fazendo era suficiente, eu sempre achei que eu poderia fazer mais e melhor. Então, era um vazio que eu tinha e eu precisava procurar mais e foi por isso que eu me tornei Coordenadora Pedagógica (Suely).

As motivações para escolha da função foram abordadas pelos Coordenadores Pedagógicos em sua relação com os desafios vividos em sua prática profissional. Os principais se referem ao relacionamento com o outro dentro da escola, sejam os professores esse outro, seja o diretor ou demais funcionários. Equilibrar as diferentes concepções e formas de pensar dos professores com a direção se constituiu num desafio para Rosângela e que, segundo ela, não se apresentava sem conflitos:

> A falta de clareza das concepções é um desafio, a gente tem que tentar afinar as concepções com os professores, afinar as concepções com a direção. E essa afinidade nem sempre se dá de uma forma tranquila. São várias pessoas que pensam de jeitos diversos e, muitas vezes, essa diversidade de maneiras de pensar gera conflitos, dificultando o trabalho (Rosângela).

Os conflitos são ainda maiores quando, em seu cotidiano, o coordenador convive com um diretor que se relaciona com ele e com toda a equipe escolar de forma autoritária, produzindo, assim, barreiras ao trabalho na escola. O investimento na mudança das relações autoritárias para relações baseadas no diálogo e no consenso é destacado por Libâneo (2015) e tais mudanças devem ser implementadas por toda a equipe escolar. As dificuldades com uma direção mais autoritária são expressas pelos coordenadores Daniel e Lilian:

> Eu tinha dificuldades com a direção [...] O desafio como coordenador ali era sobreviver no meio dos choques entre os professores, entre aquilo que a gente consegue fazer, porque a gente era limitado, muitas vezes, por uma direção mais autoritária (Daniel).

> O coordenador tem que fazer um certo entrosamento com a direção, porque senão o trabalho fica inviável. Então, muitas vezes, se o diretor não valoriza a formação, mas valoriza que você cuide da indisciplina, que você atenda aos pais, que você atenda um professor que está lá com algum problema gritante, é complicado, porque enfraquece o trabalho [...] (Lilian).

Se forem consideradas as dezenove atribuições estabelecidas pela legislação vigente da Rede Municipal de Ensino de São Paulo no artigo 11 do decreto 54.453 de 2013[5], pode-se ponderar que o trabalho do Coordenador Pedagógico no interior da escola não é tarefa fácil; requer dedicação, rotina, estudo, reflexão e trabalho conjunto com a comunidade escolar. A quantidade de demandas e o atendimento a elas no cotidiano escolar pode se desdobrar em uma "[...] atuação desordenada, ansiosa, imediatista e reacional, às vezes frenética" (PLACCO, 2010, 47). A autora aponta que este cotidiano precisa ser refletido e planejado, de modo que o Coordenador Pedagógico possa transformá-lo e, assim, avançar em suas ações e nas dos docentes.

Assim é importante retornar à questão inicial do artigo: quais contribuições e quais aprendizagens a formação no Mestrado Profissional proporcionou aos Coordenadores Pedagógicos desse estudo? Ampliar essa questão parece necessário para a reflexão aqui trazida: quais atividades vivenciadas no Formep se revelaram potentes para a realização de mudanças no cotidiano de trabalho? Quais mudanças foram identificadas pelos coordenadores?

Dos conhecimentos e das aprendizagens no percurso formativo

Tanto a literatura como a própria legislação que trata das atribuições do Coordenador Pedagógico destacam que esses profissionais são responsáveis pela formação continuada dos professores. E isto também é assumido como pertença por eles. É no sentido de busca por este conhecimento formativo, além do teórico, que alguns coordenadores entrevistados justificaram a procura pelo Formep:

> Enquanto coordenadora eu não sentia que eu conseguia fazer uma formação. Então eu queria ser uma Coordenadora formadora mesmo. E foi isso que me motivou a buscar o mestrado profissional (Lilian).

---

5. O decreto 54.453 de 10/10/2013 fixa as atribuições dos Profissionais de Educação que integram as equipes escolares das unidades educacionais da Rede Municipal de Ensino de São Paulo.

> Eu procurei mesmo porque eu queria me aperfeiçoar, aperfeiçoar as minhas práticas e a minha atuação enquanto Coordenadora Pedagógica, enquanto formadora (Rosângela).

Essas motivações revelam que os objetivos do Programa atendem às expectativas dos coordenadores, à medida que se volta para a formação dos formadores de professores, prioriza a reflexão sobre a prática e, ainda, busca aprofundar a formação teórico-prática desses profissionais. É possível afirmar, mediante essas falas, que esse mestrado profissional em Educação pode ser um meio para suprir as necessidades encontradas dentro da escola, justificando, assim, sua existência.

Trabalhar com a formação de outros coordenadores junto a uma Diretoria Regional de Ensino levou o coordenador Daniel a buscar o Formep. Sua preocupação, naquele momento, era ter repertório teórico que desse legitimidade para suas formações, conforme relata:

> Enquanto formador, eu me expus a um grupo de coordenadores pedagógicos, e, para ter um diferencial, decidi procurar o Formep. Vou procurar, se a formação tem esse caráter da reflexão, de trazer alguns teóricos, então eu teria que ter isso para apresentar às pessoas. E tem muito também, eu acho, a gente já estabelece uma relação diretamente proporcional entre – se eu estou no mestrado, eu já tenho uma legitimidade para falar alguma coisa no nível teórico (Daniel).

O caráter de reflexão abordado por Daniel se constitui num dos núcleos do Mestrado Profissional analisado. André (2016, 31), ao relatar que a proposta do curso está assentada na ideia de que é preciso transformar o papel desse formador, cuja função é de fundamental importância para a efetivação do trabalho pedagógico, esclarece que esse profissional "[...] deixa de ser um transmissor de saberes para atuar como um profissional prático reflexivo, capaz de analisar situações-problema e tomar decisões fundamentadas numa perspectiva teórico-crítica".

Importante destacar que a formação dos professores na Rede Municipal de Ensino de São Paulo é responsabilidade dos

Coordenadores Pedagógicos e ocorre principalmente por meio dos Projetos Especiais de Ação (PEAs), que visam à melhoria dos processos de ensino e de aprendizagem dos alunos. Pode-se constatar que as práticas formativas nos PEAs passaram a ser questionadas e enriquecidas não só com as discussões e conteúdos trazidos do mestrado e que eram aprofundados nas formações, mas também estimularam iniciativas de nova organização desse trabalho. Com isso, os coordenadores sentiram-se mais seguros no encaminhamento das formações, conforme expressaram:

> Eu passei a pensar nessa relação mesmo com a formação, de eu não ser a única detentora, entre aspas, do Saber, de ouvir os professores, da gente ficar em roda... é aquela coisa, o PEA é rápido, e aí acaba sentando cada um em um lugar, um está comendo, o outro não sei o quê, e daí comecei a organizar mesmo, até o espaço, os textos a gente disponibilizava antes para que pudessem ler, a gente discutia. [...] Eu levava no horário coletivo para os professores um conteúdo que tive no Formep, e então eu me sentia mais segura para falar, porque eu sabia que os professores também estavam cansados desse assunto, mas do jeito que era abordado no mestrado, de uma forma mais profunda, eu me sentia mais segura e eles também gostaram, eu percebi um avanço (Lilian).

> [...] porque um autor trouxe isso e a gente atrela esse conhecimento na pauta da nossa formação. Nesse sentido, foi feito como uma luva no sentido de trabalhar... eu me sentia mais seguro para trabalhar com os professores (Daniel).

> O PEA não tinha uma sequência por temas. No mestrado, eu já aprendia a fazer, a desenvolver sequências de formação. Então, com temas que eu aprofundasse mais. A gente começou a fazer sequências com temáticas mais aprofundadas que tivesse sentido com o trabalho do professor. [...] eu levei muito tempo para desconstruir o que eu entendia por formação (Bete).

A descrição de Bete em relação às mudanças ocorridas em sua prática como formadora remete à proposição de Placco e Souza (2008) de que, quando há consciência e intencionalidade do formador, e estas estão engendradas com a consciência e a intencionalidade do sujeito em formação, abre-se a possibilidade de processos formativos em que os sentidos e significados podem ser construídos por meio de relações pedagógicas e pessoais significativas.

> [...] em cerca de quatro meses que eu entrei no mestrado, os professores da escola começaram a vir e falar assim: "Nossa, as formações estão muito mais legais!". Aconteceu de dois ou três professores virem espontaneamente me falar que passaram a gostar muito mais das discussões. E eu sabia que era "culpa do mestrado", porque em pouquíssimo tempo ele já me fez mudar a prática. Então, o legal do mestrado profissional é isso, ele te faz aprender, ele te faz refletir e você muda sua prática muito rápido, você não fica só no discurso, você pratica ele! (Bete).

Outras fontes de aprendizagem, durante o Formep, foram as aulas e os conteúdos, bem como o trabalho realizado pelos tutores para o desenvolvimento da pesquisa e da escrita acadêmica. Os relatos revelam que as aulas e os conteúdos propiciaram aprendizagem, pois tinham sentido para a prática da coordenação:

> As aulas são muito dinâmicas, muito reflexivas, provocadoras, fazem você querer estudar mais, mais e mais e aprender mais e mais. [...] O tempo inteiro, todas as tarefas, todas as semanas tinham que fazer sentido com a nossa prática e isso forçou muito a gente, eu falo de mim, me forçou muito, o tempo inteiro, a colocar teoria com prática, teoria com prática (Bete).

> Alguns elementos importantes que inclusive usei para o meu trabalho de formador [...] Então o mapa conceitual foi um elemento mais marcante, significativo, também a narrativa, a biografia dos professores (Daniel).

> A questão do EaD, que eu tinha preconceito, achava que não era levado muito a sério, que o pessoal não aprendia muito, e nunca fiz um EaD tão bom, nossa, eu aprendi muita coisa nos fóruns de discussões, nas devolutivas da professora. Eu acho que o que eu mais aprendi, além dos conteúdos, foram as formas, as

metodologias, de a gente ler um texto, sentar em roda, discutir, e o respeito assim... o professor deixava todo mundo falar (Lilian).

A tutoria acadêmica se constitui numa prática inovadora em cursos de mestrado e foi apontada como uma fonte rica de aprendizagem. Ela se caracteriza, segundo Sigalla (2018, 21), "[...] como um espaço coletivo-colaborativo de trabalho e formação, gerador de aprendizagens mútuas (de conceitos, habilidades, relações e atitudes), que pode contribuir com as trajetórias acadêmica e profissional dos sujeitos envolvidos, quais sejam, tutores e tutorados do Programa, nas interações que estabelecesse entre si. As atividades dos tutores consistem em acompanhar e ajudar os mestrandos na definição do problema de pesquisa, orientação do trabalho de busca nos bancos de dados para a revisão dos estudos correlatos e, especialmente, em relação à escrita acadêmica para a construção do projeto de pesquisa, atividade realizada em parceria com a disciplina de Pesquisa e Prática Reflexiva. Os tutores e mestrandos pensam, juntos, formas de intervenção na realidade em que atuam e por meio da análise crítica de sua prática. Além disso, a tutoria auxilia os mestrandos a acessarem o ambiente acadêmico, suas exigências e dinâmicas para a produção de um trabalho científico que atenda as exigências de um Programa de Mestrado". Essa proposta de tutoria é evidenciada na fala de Bete:

> A tutoria, para mim, foi excelente. Nossa! Os tutores ajudaram muito a construir, porque a gente entra sem um pré-projeto, a gente entra pela nossa prática e aí você entra pelo seu desejo. Então, a tutoria te ajuda a construir, a dar uma linha. Os tutores, eu fui carregando até o final; eu lembro que no final eu ainda mandava mensagem para minha tutora: me ajuda com isso, me ajuda com aquilo. E ela me ajudava. Então, são parceiros mesmo, são pessoas que te ajudam mesmo para o resto da vida, que te transformam em gente grande (Bete).

Por fim, Lilian comenta que uma das maiores aprendizagens que teve no mestrado foi em relação a sua escrita:

Realmente, eu percebo que eu evoluí muito, mesmo na parte da escrita, com a dissertação era o que eu mais tinha medo, eu adorava as aulas, mas a parte da dissertação eu falava "ai". Eu aprendi muito, muito. Eu vejo que os meus textos agora mudaram com a escrita (Lilian).

A aproximação com os gêneros textuais próprios do meio acadêmico é uma tarefa também dos tutores junto aos alunos e ocorre desde o primeiro semestre do mestrado. Essa evolução na escrita, apontada por Lilian, é reveladora da apropriação de um modo de escrever que difere, para muitos, do formato comumente utilizado em sua prática profissional. Com isso, as dificuldades para a escrita do relatório final da dissertação são minimizadas.

Outra contribuição importante do Formep para os sujeitos entrevistados foi a pesquisa realizada. Um dos diferenciais do Mestrado Profissional é a proposta de seu trabalho final. O corpo docente do Programa adotou a proposta de pesquisa defendida por Gatti (2014) em relação à pesquisa da prática. Para ela, se trata de uma

> [...] pesquisa engajada, que toma a realidade empírica como ponto de partida e de chegada e visa evidenciar fatos específicos, pela compreensão de situações localizadas, buscando soluções e propondo alternativas (GATTI, apud ANDRÉ, 2016, 34).

As pesquisas dos entrevistados convergiram para esta proposta, já que investigaram a realidade que os circundava e a tentativa de intervir nela, com a criação de planos e propostas de ação e de formação decorrentes dos dados coletados e analisados no decorrer da pesquisa.

Houve uma fala recorrente entre os entrevistados: ao pesquisar e escrever a dissertação, ocorreu a mobilização de muitos conhecimentos, que permitiu a reflexão sobre a prática não apenas enquanto escreviam, mas, segundo eles, uma reflexão que gerou uma postura investigativa e que permanece nas variadas atividades que realizam, tanto no trabalho como na vida. Portanto, seria razoável afirmar que o objetivo do Programa de promover a produção científica, desenvolver pesquisas e difundir o conhecimento produzido foi atendido e pode ser constatado pelo depoimento de Rosângela:

> Poder ouvir as Coordenadoras Pedagógicas que eu ouvi para pesquisa, estar perto delas e poder me aproximar das práticas delas, das dificuldades delas, foi assim de grande valia. Eu pude não só ouvir, mas também ter acesso à documentação, análise documental do PPP, pautas formativas, então poder ter acesso a esses documentos também elaborados pelas Coordenadoras Pedagógicas e pelas professoras me ajudou também a olhar para a minha prática (Rosângela).

Os Coordenadores Pedagógicos comentam que ouvir, observar, estar próximo dos sujeitos que fizeram parte de sua pesquisa possibilitou conhecimentos para além dos experienciais, na direção de conhecimentos voltados para a conduta profissional, em especial, os relacionados à afetividade e à alteridade, seja ao presenciar as dificuldades do outro ou a ter acesso aos documentos que nortearam as próprias ações.

Essa postura diante das situações apontadas revela reflexão e atitudes investigativas em relação à prática, assinalando, assim, que a realização da pesquisa no Formep trouxe aprendizagens que repercutiram nas ações ou decisões tomadas na prática. Constata-se, desse modo, a relação com o desenvolvimento profissional desses mestres, já que este "pode ser entendido como uma atitude permanente de indagação, de formulação de questões e procura de soluções" (MARCELO, 2009, 9). Os depoimentos expressam essas aprendizagens:

> Estamos [eu e a equipe de trabalho] consolidando dados, e nisso, eu tenho visto, por exemplo, que nós podemos tomar consciência de algumas coisas com esses dados e essa visão foi o mestrado que deu. Esses dados nos mostram também que nós podemos investir mais em determinados temas do que em outros, se considerarmos as necessidades da escola (Bete).

> A pesquisa me ajudou a ter esse olhar investigativo, então, às vezes, se eu estou lá com uma situação com as professoras e você se depara, como as coordenadoras que eu entrevistei falaram – as resistências –, as famosas resistências que a gente enfrenta, eu procuro falar assim: Não, por que que esta professora está pensando

e falando desse jeito? O que está acontecendo para ela falar isso? Tem alguma coisa por trás. E então eu procuro entender a professora, e não simplesmente falar: Ah, ela é resistente! (Rosângela).

Uma reflexão importante a ser destacada, no final deste capítulo, em relação aos conhecimentos e aprendizagens decorrentes do percurso formativo desses coordenadores, refere-se às relações interpessoais, identificada por eles como um dos maiores desafios do trabalho nas escolas. É importante reforçar que as relações interpessoais são parte importante e decisiva dos processos de formação e encontram-se imbricadas com as relações pedagógicas, conforme destacam Bruno e Almeida (2008, 99-100):

> Para que se possa discorrer sobre as relações interpessoais e situá-las nos processos de formação, acreditamos ser fundamental pontuar a delicadeza com que se deve olhar para essa questão, para que não se corram os riscos de, por um lado, tratá-la nos limites do pieguismo e da licenciosidade que caracterizam um senso comum pedagógico e, por outro, tratá-la de forma a focalizar isoladamente ora a dimensão pessoal, ora a social. [...] As relações pedagógicas não podem ser entendidas separadamente das relações interpessoais, já que estas se imbricam e se implicam mutuamente. É no bojo dessas relações que se travam os conflitos. Estabelecem-se os conflitos, lapidam-se os desejos, constroem-se projetos, enfim, é nesse movimento – entre pessoas – que se dá, de fato, a ação educativa.

Os coordenadores entrevistados indicaram que passaram a captar o que estava por trás da fala do outro, passaram a querer compreender o que estava ocorrendo com as pessoas que os procuravam:

> Eu acho que o que mudou foi a escuta dos professores, porque antes eu pensava que tem aquele planejamento e é isso, eu tenho que chegar e dar conta, e aí depois eu vi que não, que tem a questão do desenvolvimento profissional, da identidade profissional, que o professor quer dizer algo (Lilian).

> Então, hoje, eu tenho um pouquinho mais de cuidado com essa questão das relações interpessoais, eu tenho mais cuidado no

falar com o coordenador, com o professor, por exemplo, com o pai. Eu tenho cuidado na fala, no jeito, a gente tem que ter esse trato no falar. [...] Eu acho que eu mudei o meu olhar, um olhar mais acolhedor para esses professores com os quais eu trabalho (Rosângela).

Os relatos de Lilian e Rosângela carregam uma variedade de conhecimentos adquiridos e que passaram a orientar as práticas dessas coordenadoras. Elas percebem que ouvir o outro implica uma série de questões que são muito mais importantes que a prescrição. Ao ouvir ativamente o professor, o coordenador desenvolve a si e auxilia no desenvolvimento profissional do outro, em um processo de formação bilateral e contínuo.

O cerne da função de articulador do Coordenador Pedagógico se encontra nas relações interpessoais, pois articular depreende a ação de unir, de juntar, de encaixar. Nos processos intergrupais e intragrupais, o coordenador se apropria de aprendizagens que aumentam as chances de criar uma relação de confiança entre os atores da escola. Princípios como respeito, tolerância, compreensão devem ser levados em conta para ouvir, acolher ou, até mesmo, refutar o que o professor expressa.

A questão do cuidado consigo mesmo e com o outro pode gerar mudança de atitudes. Segundo Almeida (2006), cuidar significa prestar atenção no outro, em seu bem-estar; é auxiliá-lo em seu crescimento e atualização, é perceber carências e intervir, quando necessário. "Cuidar implica ação [...]" (43). O maior tempo de experiência profissional de Rosângela é na educação infantil, modalidade que tem como pilar o cuidar. Neste sentido, sua fala ilustra a definição de Almeida: "O Mestrado Profissional me ajudou a olhar para este professor do jeito que a gente pede para ele olhar para os alunos". Essa percepção do cuidar de si e do outro extrapola a questão das relações pessoais e se direciona para as relações profissionais, pois contribui para ações de valorização dos professores.

> Se o professor desenvolve um trabalho legal, valorizar e elogiar também, porque isso faz bem; pegar uma prática boa desse professor e levar para o momento de formação (Rosângela).

A gente tem que valorizar o professor, nós temos que nos sentir valorizados, porque a gente é uma profissão e a gente tem um saber específico, a gente tem uma especificidade da ação (Daniel).

Para finalizar

Os desafios enfrentados pelos Coordenadores Pedagógicos antes da busca pelo Mestrado Profissional estavam concentrados na necessidade de formação e nas relações interpessoais. As fontes de aprendizagem eram formações oferecidas pela DREs, cursos de extensão e pós-graduação *lato sensu* e referência de profissionais mais experientes na função, que se tornaram muito importantes, também, para a pesquisa de alguns dos coordenadores.

Após o ingresso no Formep, a postura diante da formação e do relacionamento com os diferentes atores da unidade escolar sofreram alterações devido às fontes de aprendizagem oferecidas pelo Mestrado Profissional, principalmente as aulas e os conteúdos, os professores, a pesquisa e a tutoria e a consequente melhora na escrita. Atribui-se à dinamicidade das aulas a possibilidade de passar por experiências que permitiam articular teoria e prática todo o tempo.

A reflexão da prática que o curso propõe está articulada diretamente com o "chão da escola", fortalecendo ainda mais o diálogo buscado entre a academia e a escola pública. Os dados são reveladores da importância dessa aproximação e dos efeitos diretos sobre a forma de pensar e realizar um trabalho mais qualificado nas escolas.

O Mestrado Profissional mobilizou muitas aprendizagens aos cinco coordenadores entrevistados, segundo as próprias percepções. Foi possível depreender que os principais desafios enfrentados por eles no cotidiano escolar antes do ingresso no Formep permaneceram. A formação e as relações interpessoais continuam permeando o universo dos entrevistados. Entretanto, a partir da formação mobilizada durante o curso, constatou-se que já encaram esses desafios de outras formas.

Outra constatação em relação ao desenvolvimento profissional dos Coordenadores Pedagógicos é o indicativo de que os conhecimentos teóricos e práticos acessados durante o curso possibilitaram transformar as posturas diante de diversas situações vividas na prática, ou seja, passaram a compreender os processos pelos quais os professores também passam e alterar o entendimento de questões que permeiam os processos de ensino e de aprendizagem.

Os dados também sugerem que o curso permitiu reflexão sobre o papel formador do Coordenador Pedagógico, o que levou a mudanças no PEA e ao entendimento de que a formação acontece em variados tempos e espaços dentro da unidade, não somente nos horários coletivos do professor. No mesmo sentido de compreensão e transformação, as relações interpessoais também se modificaram, segundo os sujeitos. Eles passaram a valorizar os professores como profissionais que têm saberes importantes e passaram a ouvi-los e respeitá-los, bem como acolhê-los com maior cuidado.

As considerações trazidas neste capítulo expressam parte dos dados coletados junto a esse grupo de coordenadores, que buscou o Mestrado Profissional em Educação: Formação de Formadores. Dados e reflexões que apontaram como esse percurso formativo contribuiu para o seu desenvolvimento profissional, possibilitado pela ressignificação das práticas e alargamento da visão do seu papel no interior das escolas.

Referências

ALMEIDA, L. R.; PLACCO V. M. N. S. O papel do Coordenador Pedagógico. *Revista Educação*. Ano 12, n. 142 (2009).

ALMEIDA, L. R. O coordenador pedagógico e a questão do cuidar. In: ALMEIDA, L. R.; PLACCO, V. M. N. S. *O Coordenador pedagógico e questões da contemporaneidade*. São Paulo: Loyola, 2006, 41-60.

ALMEIDA, L. R. A coordenação pedagógica no estado de São Paulo nas memórias dos que participaram de sua história. In: ALMEIDA, L. R.; PLACCO V. M. N. S. *O Coordenador pedagógico e o atendimento à diversidade*. São Paulo: Loyola, 2015.

ANDRÉ, M. A formação do pesquisador da prática pedagógica. *Plurais*, Salvador, v. 1, n. 1 (2016) 30-41.

BRUNO, E. B. G.; ALMEIDA, L. R. As relações interpessoais e a formação inicial do Coordenador Pedagógico. In: PLACCO, V. M. N. S.; ALMEIDA,

L. R. *O Coordenador Pedagógico e os desafios da educação*. São Paulo: Loyola, 2008.

DAY, C. *Developing Teachers. The Challenges of Lifelong Learning*. London: Falmer Press, 1999.

GUIMARÃES. A. A.; VILLELA, F. O professor coordenador e as atividades de início de ano. In: BRUNO, E. et al. (Orgs.) *O Coordenador Pedagógico a formação docente*. São Paulo: Loyola, ^{9}2008.

IMBERNÓN, Francisco. *Formação docente e profissional: formar-se para a mudança e a incerteza*. São Paulo: Cortez, 2006.

LIBÂNEO, J. C. *Organização e gestão da escola. Teoria e Prática*. São Paulo: Heccus, 2015.

MARCELO, C. Desenvolvimento Profissional Docente: passado e futuro. *Sísifo Revista de Ciências da Educação*, n. 8 (2009) 7-22.

MIZUKAMI, M. G. Aprendizagem da docência: algumas contribuições de L. S. Shulman. *Revista do Centro de Educação da Universidade Federal de Santa Maria*, v. 29, n. 2 (2004). Disponível em: <http://coralx.ufsm.br/revce/revce/2004/02/a3.htm>. Acesso em: maio 2017.

MONTERO, L. *La construción del conocimiento profesional docente*. Santiago de Compostela: Homo Sapiens, 2001.

PLACCO, V. M. N. S. O Coordenador Pedagógico no confronto com o cotidiano da escola. In: PLACCO, V. M. N. S.; ALMEIDA, L. R. *O Coordenador Pedagógico e o cotidiano da escola*. São Paulo: Loyola, 2010.

PLACCO, V. M. N. S.; SOUZA, V. L. T. Desafios ao Coordenador Pedagógico no trabalho coletivo da escola: intervenção ou prevenção? In: PLACCO, V. M. N. S.; ALMEIDA, L.R. *O Coordenador Pedagógico e os desafios da educação*. São Paulo: Loyola, 2008.

PUC-SP. *Proposta de criação do Programa de Estudos Pós-Graduados em Educação*: Formação de Formadores. São Paulo, 2012.

RINALDI, R. P.; REALI, A. M. M. R. O trabalho docente do formador no contexto da educação básica. In: REALI, A. M. M.; MIZUKAMI, M. G. N. *Desenvolvimento profissional da docência: teorias e práticas*. São Carlos: Edufscar, 2012.

SIGALLA, L. A. A. *Tutoria acadêmica entre pares na pós-graduação stricto sensu: contribuições desse espaço coletivo-colaborativo de trabalho e formação*. Tese de doutorado. São Paulo: A perspectiva do Formep na PUC-SP. PUC-SP, 2018.

SHULMAN, L.S. Those Who Understand Knowledge Growlth in Teacher. *Educational Researcher*, v. 15, n. 2 (1986) 4-14.

VAILLANT, D.; GAIBISSO, L. C. Desarrollo profesional docente: entre la proliferación conceptual y la escassa incidência em lapráctica de aula. *Cuaderno de Pedagogía Universitaria*, v. 13, n. 26 (2016) 5-14.

Edições Loyola

editoração impressão acabamento

Rua 1822 n° 341 – Ipiranga
04216-000 São Paulo, SP
T 55 11 3385 8500/8501, 2063 4275
www.loyola.com.br